AUTORES:

JOSÉ MARÍA CAÑIZARES MÁRQUEZ
CARMEN CARBONERO CELIS

COLECCIÓN OPOSICIONES MAGISTERIO: EDUCACIÓN FÍSICA

LA EXPRESIÓN CORPORAL EN EL DESARROLLO DEL AREA DE LA EDUCACIÓN FÍSICA:
MANIFESTACIONES EXPRESIVAS ASOCIADAS AL MOVIMIENTO CORPORAL. INTERVENCIÓN EDUCATIVA.
(VOLUMEN 12)

WANCEULEN
Editorial Deportiva

COLECCIÓN OPOSICIONES MAGISTERIO: EDUCACIÓN FÍSICA

VOLUMEN 12.

LA EXPRESIÓN CORPORAL EN EL DESARROLLO DEL AREA DE LA EDUCACIÓN FÍSICA. MANIFESTACIONES EXPRESIVAS ASOCIADAS AL MOVIMIENTO CORPORAL. INTERVENCIÓN EDUCATIVA.

AUTORES

<u>José Mª Cañizares Márquez</u>

- Catedrático de Educación Física
- Tutor del Módulo del Practicum del Master de Secundaria
- Especialista en preparación de opositores
- Autor de numerosas obras sobre Educación y Preparación Física

<u>Carmen Carbonero Celis</u>

- D. E. A. en Instituciones Educativas
- Licenciada en Pedagogía
- Maestra de Primaria y Secundaria en centros de Educación Compensatoria
- Didacta presencial del Módulo de Pedagogía General en el CAP
- Profesora de Pedagogía Terapéutica en Centro Educación Primaria

Título: LA EXPRESIÓN CORPORAL EN EL DESARROLLO DEL AREA DE LA EDUCACIÓN FÍSICA. MANIFESTACIONES EXPRESIVAS ASOCIADAS AL MOVIMIENTO CORPORAL. INTERVENCIÓN EDUCATIVA.

Autores: José Mª Cañizares Márquez y Carmen Carbonero Celis
Editorial: WANCEULEN EDITORIAL DEPORTIVA, S.L.

C/ Cristo del Desamparo y Abandono, 56   41006 SEVILLA

Dirección web: www.wanceulen.com

I.S.B.N.: 978-84-9993-483-9

Dep. Legal:

© **Copyright:** WANCEULEN EDITORIAL DEPORTIVA, S.L.

Primera Edición: Año 2016

Impreso en España:

Reservados todos los derechos. Queda prohibido reproducir, almacenar en sistemas de recuperación de la información y transmitir parte alguna de esta publicación, cualquiera que sea el medio empleado (electrónico, mecánico, fotocopia, impresión, grabación, etc), sin el permiso de los titulares de los derechos de propiedad intelectual. Cualquier forma de reproducción, distribución, comunicación pública o transformación de esta obra solo puede ser realizada con la autorización de sus titulares, salvo excepción prevista por la ley. Diríjase a CEDRO (Centro Español de Derechos Reprográficos, www.cedro.org) si necesita fotocopiar o escanear algún fragmento de esta obra.

ÍNDICE

Presentación de la Colección.

Introducción

1. ASPECTOS COMUNES A TENER EN CUENTA EN EL EXAMEN ESCRITO.

    1.1. Criterios de corrección y evaluación que siguen los tribunales.
    1.2. Consejos sobre cómo estudiar los temas. Estrategias.
    1.3. Recomendaciones para la realización del examen escrito. Estrategias.
    1.4. Modelo estandarizado de presentación de examen escrito.
    1.5. Partes estándares a todos los temas.

2. LA EXPRESIÓN CORPORAL EN EL DESARROLLO DEL AREA DE LA EDUCACIÓN FÍSICA. MANIFESTACIONES EXPRESIVAS ASOCIADAS AL MOVIMIENTO CORPORAL. INTERVENCIÓN EDUCATIVA.

COLECCIÓN OPOSICIONES DE MAGISTERIO. ESPECIALIDAD DE EDUCACIÓN FÍSICA

PRESENTACIÓN DE LA COLECCIÓN

Los autores, con muchos años de experiencia en la preparación de oposiciones, hemos plasmado en esta Colección multitud de argumentos y detalles con la finalidad de que cada persona interesada en acceder a la función pública conozca minuciosamente todos los pormenores de la preparación.

La Colección está compuesta por una treintena de volúmenes, de los que veinticinco están dedicados a otros tantos capítulos del temario, y los cinco restantes a cómo hacer y exponer oralmente la programación didáctica y las UU. DD., así como a resolver el examen práctico escrito.

Los destinados a los temas llevan incorporados unos aspectos comunes previos sobre cómo hay que estudiarlos y consejos acerca de cómo realizar el ejercicio escrito.

Los aplicados al examen oral: defensa de la programación y exposición de las U.D.I., también llevan un capítulo referente a cómo es mejor hacer la expresión verbal, el mensaje expresivo, el esquema en la pizarra, etc.

Es decir, los autores no nos hemos ceñido a publicar un temario para las dos pruebas escritas (tema y casos prácticos) y las dos orales (programación y unidades). Hemos querido hacer partícipe de las técnicas que hemos seguido estos años y que tan buen resultado nos han dado, sobre todo a quienes sacaron plaza merced a su propio esfuerzo. No obstante, debemos destacar un aspecto capital: ratio del tribunal, es decir, ¿con cuántos opositores me tengo que "pelear" para conseguir la plaza?

Ya podemos ir perfectamente preparados, que si un tribunal tiene dos plazas para dar y hay diez opositores con un diez... la suerte de tener una décima más o menos en la fase de concurso nos dará o quitará la plaza.

Por otro lado, es conocido que desde hace año en España tenemos diecisiete "leyes de educación", es decir, una por autonomía, además de la que es común para todos y que, como las autonómicas, depende del partido político que gobierne en ese momento. No podemos obviar que la Educación y todo lo que le rodea -incluidos opositores- es un aspecto más de la política, si bien entendemos debería ser justo lo contrario. La formación de nuestros hijos no debe estar en función de unas siglas de unos partidos políticos, porque cuando uno consigue el poder, elimina por sistema lo hecho por el anterior, esté mejor o peor. Ejemplos, por desgracia, hay muchos desde la LOGSE/1990. Así pues, abogamos por un Pacto Educativo que incluya, lógicamente, a opositores y al Sistema de Acceso a la Docencia.

Esto trae consigo que, forzosamente, debamos basarnos en una línea de elementos legislativos. En nuestro caso, además de la nacional, nos remitimos a la de Andalucía. Por ello, las personas opositoras que nos lean deberán adecuar las citas legislativas autonómicas que hagamos a las de la comunidad/es donde acuda a presentarse a las oposiciones docentes.

Para cualquier información corta, los autores estamos a disposición de las personas lectoras en:

oposicionedfisica@gmail.com

INTRODUCCIÓN

Este volumen tiene dos partes claramente diferenciadas:

a) Por un lado tratamos diversos aspectos comunes a todos los temas escritos. Es decir, nos centramos en cómo hay que estudiarlos a partir de los propios criterios de valoración del examen que indica la Consejería de Educación de la Junta de Andalucía, y que suelen ser similares a los de otras autonomías. También incluimos los criterios de otras comunidades, pero no de todas porque se nos haría interminable.

Esta parte también incluye una serie de consejos acerca de cómo estudiar los temas, cuestión que no es baladí porque el opositor está muy limitado por el tiempo disponible para realizarlo.

Esto nos lleva a siguiente punto, el "perfil" de cada opositor, su capacidad grafomotriz muy a tener en cuenta para que en el tiempo dado seamos capaces de tratar el tema elegido con una estructura adecuada a los criterios de evaluación que el tribunal va a usar en la corrección.

Es muy corriente el comentario de "mientras más sepas, más nota sacas y más posibilidades de obtener plaza tienes". Esto trae consigo, en muchas ocasiones, que el opositor se encuentre con "montañas de papeles" sin estructurar, sin saber si un documento reitera lo de otro, sin dominar la capacidad de síntesis ante tanto volumen de definiciones, clasificaciones, teorías, opiniones, etc.

La realidad es muy distinta. El opositor debe llevar preparado al menos veinticuatro documentos (para tener el 100% de que le va a salir en el sorteo un tema estudiado concienzudamente), con la información muy exacta de lo que le da tiempo a escribir correctamente desde todos los puntos: científico, legislativo, autores, estructura del propio examen, sintaxis, ortografía, etc.

Muchas veces nos han preguntado por el conocimiento de los tribunales, si están al día, etc. Nuestra respuesta ha sido siempre la misma: "sabrán más o menos de cada uno de los veinticinco temas, lo leerán con más o menos detenimiento, pero seguro que lo que más saben es corregir escritos porque lo hacen a diario en sus aulas, de ahí que debamos prestar la máxima atención a estos aspectos formales". Para ello añadimos al final una hoja-tipo.

Completamos este primer capítulo con una tabla de planificación semanal que debemos hacer desde un principio para "obligarnos" y seguirla con disciplina espartana, si de verdad queremos tener éxito.

b) Por otro, el Tema 12 totalmente actualizado a fecha de hoy. La persona opositora debe, una vez conozca el volumen de contenidos que es capaz de escribir, hacer un resumen equitativo de cada punto y "cuadrarlo" a su capacidad grafomotriz. A partir de aquí, a estudiarlo... pero escribiéndolo ya que la nota nos la van a poner por lo que escribamos y cómo expresemos esos contenidos. Pero, si en la comunidad donde nos examinemos, el escrito hay que leerlo al tribunal, de nuevo lo haremos, cuanto antes mejor, para ensayar la lectura y que determinadas palabras no se nos "atraganten".

CRITERIOS DE CORRECCIÓN Y EVALUACIÓN QUE SIGUEN LOS TRIBUNALES

Consideramos imprescindible saber **previamente** cómo nos va a evaluar el Tribunal para realizar el examen con respecto a los ítem que va a tener en cuenta. Aportamos varios **modelos** que han transcendido y que, básicamente, se diferencian en la **formulación** de las consideraciones y en su valoración, no en el **fondo**.

CRITERIOS DE EVALUACIÓN EN ANDALUCÍA.

La Consejería de Educación de la Junta de Andalucía informa a los sindicatos, en mayo de 2007, sobre un "borrador" de criterios de evaluación para el "Concurso Oposición al Cuerpo de Maestros 2007". Posteriormente, como pudimos comprobar esa convocatoria y las siguientes, estos criterios se hicieron "firmes".

Transcribimos literalmente los cinco puntos a considerar sobre el tema escrito:

CRITERIOS GENERALES TEMA ESCRITO

Estructura del tema.

a) Presenta un índice.
b) Justifica la importancia del tema.
c) Hace una introducción del mismo.
d) Expone sus repercusiones en el currículum y en el sistema educativo.
e) Elabora una conclusión acorde con el planteamiento del tema.

Contenidos específicos.

a) Adapta los contenidos al tema.
b) Secuencia de manera lógica y clara sus apartados.
c) Argumenta los contenidos.
d) Profundiza en los mismos.
e) Hace referencia al contexto escolar.

Expresión.

a) Muestra fluidez en la redacción.
b) Hace un uso correcto del lenguaje, con una buena construcción semántica.
c) Emplea de forma adecuada el lenguaje técnico.

Presentación.

a) Presenta el escrito con limpieza y claridad.
b) Utiliza un formato adecuado teniendo en cuenta el apartado 4 del artículo 7.4.1. de la Orden de 24 de marzo de 2007, BOJA nº 60 del 26/03/2007.
Nota: Se refiere a aspectos formales tales como no firmar el examen, entregarlo en un sobre con etiquetas, etc.

Bibliografía/Documentación.

a) Fundamenta los contenidos con autores o bibliografía.
b) Sitúa el tema en el marco legislativo pertinente.

La Consejería de Educación de la Junta de Andalucía informa a los sindicatos, en **junio de 2015**, sobre los criterios de evaluación para el "Concurso Oposición al Cuerpo de Maestros 2015". Transcribimos literalmente los cuatro puntos a considerar sobre el tema escrito:

CRITERIOS GENERALES A TENER EN CUENTA EN LA CORRECCIÓN DEL TEMA ESCRITO (JUNIO 2015).

1. Estructura del tema.

a) Secuencia de manera lógica y clara cada uno de los apartados del tema
b) Expone con claridad

2. Contenidos.

a) Argumenta y justifica científicamente los contenidos
b) Conoce y tarta con profundidad el tema
c) Realiza una transposición didáctica de la teoría expuesta a la práctica
d) Fundamenta los contenidos con autores y bibliografía que realmente hagan referencia al contenido en cuestión, así como a la normativa vigente

3. Expresión.

a) Redacta con fluidez
b) Usa correctamente el lenguaje y presenta una adecuada construcción sintáctica
c) Usa con propiedad el lenguaje técnico específico de la especialidad
d) No se aprecian divagaciones, reiteraciones, etc.

4. Presentación.

a) El ejercicio es legible: no hay que estar deduciendo qué quiere decir ni traduciendo el texto
b) Se observa limpieza y claridad en el ejercicio
c) Usa un formato adecuado

CRITERIOS GENERALES A TENER EN CUENTA EN LA CORRECCIÓN DEL TEMA ESCRITO
(Comunidad de Castilla-La Mancha)

Los criterios de evaluación del tema escrito (Comunidad de Castilla-La Mancha), que tuvieron los tribunales en cuenta en la convocatoria de 2007 y que fueron establecidos por la Comisión de Selección de la Especialidad de Educación Física, son:

CRITERIOS PARA EVALUAR EL TEMA ESCRITO. PARTE "A"	Puntuación
1.- Introducción, justificación, índice y mapa conceptual.	(MÁXIMO 1,5 puntos)
2.- Contenidos específicos	
2.1.- Trata todos los epígrafes del tema.	(MÁXIMO 6,5 puntos)
2.2.- Adecuación de los contenidos al tema. Los contenidos se ajustan al tema.	
2.3.- Profundización de los mismos.	
2.4.- Organización lógica y clara en cada punto. Atendiendo al índice.	
2.5.- Argumentación de los contenidos.	
2.6.- Referencia al contexto escolar.	
2.7.- Relaciona con otros temas del currículum.	
2.8.- Originalidad y creatividad en el tema.	
3.- Bibliografía	
3.1.- Bibliografía específica del tema. Cita autores y hace referencias bibliográficas.	(MÁXIMO 0,75 puntos)
3.2.- Aspectos legislativos. Hace referencia a la legislación nacional y autonómica.	
4.- Conclusión y valoración personal	(MÁXIMO 0,75 puntos)
5.- Aspectos formales. Presentación, estructura, organización, uso de vocabulario técnico.	(MÁXIMO 0,5 puntos)
6.- Errores	
a. Divagaciones b. Faltas de ortografía c. Errores garrafales	SE VALORARÁ NEGATIVAMENTE POR PARTE DEL TRIBUNAL
Total	10 Puntos.

OTROS CRITERIOS GENERALES A TENER EN CUENTA EN LA CORRECCIÓN DEL TEMA ESCRITO

Otros tribunales siguieron unos criterios de evaluación del examen escrito como los que ahora reflejamos:

		CRITERIOS PARA EVALUAR EL TEMA ESCRITO	
1		Introducción, índice y mapa conceptual	Máximo 1 punto
2		Nivel de contenidos	Máximo 5 puntos
	2.1.	Trata todos los epígrafes del tema	
	2.2.	Los contenidos se ajustan al temario	
	2.3.	Relaciona con otros temas del curriculum	
	2.4.	Hace referencia a la legislación nacional y autonómica	
	2.5.	Cita autores y/o referencias bibliográficas	
3		Aspectos formales: presentación, estructura, organización, vocabulario y ortografía	Máximo 3 puntos
4		Conclusión, valoración personal y bibliografía	Máximo 1 punto

Esta tabla tuvo su origen en la Convocatoria de Castilla La Mancha hace unos años. Sus criterios siguen vigentes.

Cuadro resumen de los Criterios de Evaluación	Temas A

1.- Contenidos específicos
  a. Adecuación de los contenidos al tema.
  b. Profundización de los mismos.
  c. Organización lógica y clara en cada punto (Índice).
  d. Argumentación de los contenidos.
  e. Referencia al contexto escolar.
  f. Originalidad y creatividad en el tema.
	2,75 puntos

2.- Introducción y conclusión
  a. Justificación de la importancia del tema.
  b. Repercusiones en nuestra área y en el Sistema Educativo.
  c. Buena introducción del tema.
  d. Conclusión.
	0,5 puntos

3.- Expresión
  a. Fluidez del discurso.
  b. Buena redacción, sin errores sintácticos, redundancias...
  c. Uso del lenguaje técnico.
	1 puntos

4.- Presentación
  a. Limpieza y claridad.
  b. Formato con variedad de recursos (gráficos, sangrías, diferenciación entre títulos, subtítulos, contenidos, esquema, etc.)
	0,5 puntos

5.-Bibliografía
  a. Bibliografía específica del tema.
  b. Aspectos legislativos.
	0,25 puntos

Penalizaciones
  a. Divagaciones
  b. Faltas de ortografía
  c. Errores garrafales
	A restar según criterio del propio tribunal

Totales	5 Ptos.

En **2013**, la Convocatoria de Primaria en **Castilla-La Mancha** incluían estos **criterios**:

PARTE 1B *DESARROLLO DE UN TEMA DE LA ESPECIALIDAD*	PESO ESPECÍFICO
1. Estructurar el tema de forma coherente, secuenciada, justificada y equitativa con todos los apartados.	25%
2. En relación a los contenidos desarrollados, responder al tema planteado, adaptándose al currículum, con aportaciones teórico-prácticas, siendo funcional para la práctica docente.	40%
3. Ser original y creativo en el desarrollo del tema, estableciendo conexiones con otros contenidos del currículum, con aportaciones personales fundamentadas que revelan la creación propia e inédita del mismo.	15%
4. El tema será afín a unas bases teóricas, a una fundamentación científica de la que parte el currículum, al tiempo que aporta ideas nuevas.	5%
5. Mostrar una lectura fluida y comprensible, con una actitud transmisora y un desarrollo expositivo que se ciñan al tema.	15%

En la Convocatoria de **Secundaria** de **Andalucía** de **2016**, los criterios o "indicadores" a tener en cuenta por los tribunales para el examen escrito, son:

INDICADORES

- ESTRUCTURA DEL TEMA:

  - Índice (adecuado al título del tema y bien estructurado y secuenciado).
  - Introducción (justificación e importancia del tema).
  - Desarrollo de todos los apartados recogidos en el título e índice.
  - Conclusión (síntesis, donde se relacionan todos los apartados del tema).
  - Bibliografía (cita fuentes diversas, actualizadas y fidedignas).

- EXPRESIÓN Y PRESENTACIÓN:

  - Fluidez en redacción, adecuada expresión escrita: ortografía y gramática.
  - Riqueza y corrección léxica y gramatical (IDIOMAS).
  - Limpieza y claridad.

- CONTENIDOS ESPECÍFICOS DEL TEMA:

  - Nivel de profundización y actualización de los contenidos.
  - Valoración o juicio crítico y fundamentado de los contenidos.
  - Ilustra los contenidos con ejemplos, esquemas, gráficos…
  - Secuencia lógica y ordenada.
  - Uso correcto y actualizado del lenguaje técnico.

CONSEJOS SOBRE CÓMO ESTUDIAR LOS TEMAS. ESTRATEGIAS.

Exponemos una serie de consejos que solemos dar a nuestros opositores:

- Cada uno tiene un "método" que ha experimentado durante su vida de estudiante, sobre todo a nivel universitario, de ahí que nuestra influencia sea relativa. No obstante, muchos nos reconocen que *"nunca hemos estudiado en profundidad hasta comenzar a prepararnos las oposiciones"*.

- Reconocemos que hay **múltiples** formas de estudio. Hemos tenido opositores que necesitaban estar tumbados, otros sentados y en total silencio, otros tenían que tener forzosamente una tenue música de fondo, etc. Es decir, existen muchas maneras con más o menos **dependencia/independencia** de **campo**.

- Unos precisan **luz** natural, otros luz blanca o azul, con flexo cercano o con la de la lámpara del techo…

- Hay quien prefiere estudiar a base de **resúmenes** hechos en un procesador de textos y otros, en cambio, tenían que estar a mano.

- Muchos prefieren **grabar** verbalmente los contenidos para reproducirlos cuando viaja, corre, nada o anda y así aprovechar estos "tiempos muertos".

- Otros requieren **gráficos** y mapas conceptuales. Incluso, hemos tenido los que preferían hacer un póster-esquema y colgarlo a la pared para leerlo de pie…

- Otro grupo lo conforman aquellos que prefieren subrayar o señalar los puntos clave con rotulador marcador tipo fluorescente, otros a lápiz… Eso sí, lo señalado debe tener encadenamiento o cohesión interna para verterlo, ya redactado, en el examen, de ahí que **debamos estudiar escribiendo**, porque el examen escrito trata de ello.

- Debemos usar bolígrafos de gel por ser más rápidos en su trazo y papel tamaño A4, que es el que nos van a proporcionar el día del examen. Ojo a los tipos de **bolígrafos permitidos** por los tribunales, debemos estar muy atentos a lo que nos dicen el día de la **presentación**. Independientemente de ello, debemos acostumbrarnos a poner el folio directamente sobre la superficie dura de la mesa, ya que así la velocidad de escritura es superior que si lo situamos encima de otros folios porque éstos hacen que el espacio de apoyo nos frene por ser más blando. Un **reloj** para controlarnos los tiempos es imprescindible también.

- En cualquier caso, no sería bueno estudiar más de dos horas seguidas, sobre todo si estamos sentados. Ello, normalmente, acarrea contracturas dorso-lumbares, en los miembros inferiores, etc. con el consiguiente dolor y molestia. Lo mismo podemos decir a nivel de nuestra visión.

- Realizar **actividad física o deportiva** varias veces a la semana es muy aconsejable por simple razón de compensación y revitalización personal.

- Es bueno, pues, cada dos horas aproximadamente, hacer un **alto horario** de 8-10 minutos para despejarnos mentalmente y estirarnos físicamente. Beber **agua** y la ingesta de **fruta** suele ser positivo. Esto es extensible a día del examen de la oposición.

- No obstante, si la convocatoria nos dice que el escrito durará más de este tiempo, debemos paulatinamente aumentar las dos horas hasta llegar al **tope** marcado.

- Siempre recomendamos realizar una **planificación** semanal personalizada, que regule nuestro **tiempo** destinado al estudio (avance y repaso de los temas del escrito, casos prácticos, exposición oral), al trabajo, deporte, ocio, obligaciones familiares, etc. Ver tabla/ejemplo en la página siguiente.

- **¿Cuánto tiempo dedicar al estudio?** No podemos dar "recetas" pues depende del nivel previo de cada opositor. Hay quien trae excelentes aprendizajes previos de la carrera y hay quien ese nivel lo trae demasiado básico. Otros ya tienen experiencias en oposiciones, etc. Así pues cada uno debe auto regularse en función de sus capacidades y sus circunstancias personales. Genéricamente podemos indicar que, al menos, 4-6 horas/día divididas por un descanso de 10-15 minutos puede ser un estándar adecuado. A partir de ahí, personalizar en función del avance o no obtenido.

- Siempre debemos tener un "**molde personal**" en función de la capacidad grafomotriz, habida cuenta el **ahorro** de tiempo y energía que nos supone seguir esta estrategia.

- De cualquier forma, debemos respetar el dicho popular "*lo que no se recuerda, no se sabe*", de ahí **memorizar comprensivamente** lo más significativo.

- La **memoria**, al igual que ocurre con la condición física, se mejora ejercitándola con frecuencia.

- Tan importante es memorizar un tema nuevo como no olvidar los ya aprendidos, por lo que es necesario **consolidar**, repasando, lo estudiado. Comprobar que dominamos temas anteriores mejora nuestra capacidad de auto concepto.

- De ahí la importancia de estudiar teniendo delante nuestro **resumen personalizado** y olvidarnos de aumentar los contenidos del tema porque, además de crearnos inquietudes, posiblemente no podamos reflejar todo lo que sabemos en el tiempo que tenemos de examen.

Mostramos en el siguiente **gráfico** un claro y rápido ejemplo de cómo auto planificarse el estudio durante la semana a partir de tres **módulos** diarios:

EJEMPLO DE PLANIFICACIÓN SEMANAL-TIPO
Combinación de estudio-repaso-programación-UU.DD.-prácticos-trabajo profesional-descanso

LUNES	MARTES	MIÉRCOLES	JUEVES	VIERNES	SÁBADO	DOMINGO
MAÑANA	MAÑANA	MAÑANA	MAÑANA	MAÑANA	MAÑANA	MAÑANA
TRABAJO	Estudio tema nuevo semana	TRABAJO	Repaso tema nuevo	TRABAJO	Casos Prácticos	Libre
TRABAJO	Estudio tema nuevo semana	TRABAJO	Programación	TRABAJO	Casos Prácticos	Libre
TARDE	TARDE	TARDE	TARDE	TARDE	TARDE	TARDE
Estudio tema nuevo semana	Programación	Repaso temas anteriores	UU. DD.-U.D.I.	Sesión de clase con preparador	Repaso temas anteriores	Repaso temas anteriores

RECOMENDACIONES PARA LA REALIZACIÓN DEL EXAMEN ESCRITO. ESTRATEGIAS.

NOTA: Muchos de los consejos que ahora damos, sobre todo los relacionados con la presentación, escritura, etc. son también aplicables a la realización por escrito de los casos prácticos, si los hubiera.

En las convocatorias anteriores se ha comprobado que la mayoría de aprobados en el examen escrito tenían **buena letra**, además de contenidos notables. Efectivamente, entre los criterios de evaluación que utilizan los tribunales hay algunos puntos destinados a la **presentación** que no podemos desechar. Incluso, si la Orden de la Convocatoria indica que el opositor deberá **leer** su propio **examen** ante el tribunal, éste suele comprobar posteriormente su estructura, sintaxis, ortografía, etc.

No llegar a tiempo a los llamamientos supone la primera **precaución** a tomar. En ocasiones, las instalaciones donde se celebran las oposiciones se ven saturadas desde varios kilómetros antes de llegar. A ello hay que sumar el tiempo para aparcar, buscar el aula asignada, etc. **Llegar tarde** puede suponer la **no presentación** y la consiguiente **eliminación**.

Gracias a las observaciones hechas por los tribunales de años anteriores y por los criterios de evaluación que han transcendido, estamos en disposición de apuntar una serie de anotaciones a considerar por las personas opositoras durante su periodo de preparación con nosotros. Habitualmente los tribunales reservan parte de la nota total para los aspectos "formales" del examen, que ahora comentamos. Esto es de vital importancia porque dos opositores con igual cantidad y calidad de contenidos, sacará mejor nota quien mejor lo presente. Ante ello, reservar algunos minutos para poder **revisar** el examen antes de entregarlo, teniendo en cuenta lo siguiente:

- Nadie aprueba con **mala letra**. Igual decimos de la presentación y limpieza.
- Esto lo hacemos extensivo a las faltas de **ortografía**, acentuación, mala **sintaxis**, incorrecciones **semánticas**, **expresión** y **redacción**, **vulgarismos**, **repetir la misma palabra** continuadamente, **tachones**, suciedad, etc. No podemos "escribir igual que hablamos". También, no poner el número del tema elegido o su título. Otro error habitual es el mal uso de los puntos, bien seguido, bien aparte.
- Debemos escribir por **una carilla** -al menos que el tribunal indique otra cosa- con letra más bien grande para facilitar su lectura. No poner detalles como "no recuerdo…"; "creo que…"; "no me da tiempo…"; "me parece que es…".
- La **media de folios** (carillas o páginas) que suelen hacer nuestros preparados están entre **14 y 16**, con **17-22 renglones** cada una (20 lo habitual) y **9 palabras/renglón**, teniendo en consideración unos **márgenes laterales** y **superior e inferior** de 2 a 2'5 centímetros. No obstante, conforme avanza la preparación y la habilidad para escribir este tipo de examen, hay quien aumenta el volumen de páginas de manera significativa, pero siempre manteniendo y respetando los criterios de evaluación que suelen tener los tribunales: letra, limpieza, construcción semántica, ortografía, etc. Si preferimos escribirlo en un procesador de textos, como puede ser "Word", el número de palabras suele estar alrededor de las 2400-2700, aproximadamente.
- Los **renglones** deben ser **paralelos** y siempre con el mismo **interlineado**. En caso de tener problemas para hacerlo, podemos llevarnos una **plantilla** ya hecha, como una hoja tamaño folio de cuaderno de rayas, o bien hacerla allí

mismo con lápiz y regla. Si tampoco pudiese ser (a veces los tribunales han hecho especial hincapié en "no entrar con plantilla, regla, etc."), nos esmeraríamos en la realización de la primera página, aunque tardásemos más tiempo, y ésta nos serviría como "falsilla" o planilla de renglones. Otro "**truco**" es hacerla a partir del **DNI** al que previamente le hemos hecho unas señales minúsculas con la anchura que deseamos. Éste nos sustituiría a la regla.

- No se puede ser "loco o loca" escribiendo. Para ello es importante el **entrenamiento** durante el periodo de preparación. De ahí surge la **automatización** de todos estos aspectos, además del sangrado, márgenes, etc. No poner abreviaturas.
- Por otro lado debemos **numerar** las hojas, incluso algunos lo hacen poniendo "1 de 15; 2 de 15…".
- La utilización de **dos colores** de tinta **no** suele estar **permitido**, como tampoco subrayados para señalizar los títulos, epígrafes, ideas fundamentales, etc., al menos que el tribunal exprese lo contrario. En todo caso, **preguntar** al tribunal antes de empezar si es posible su uso, así como de tippex. También si se pueden poner gráficos, flechas, tablas, etc., si el tribunal lo permite, pero la Orden de la Convocatoria suele prohibirlo por considerarlo posible "**señal**". Un **bolígrafo** tipo **gel** y apoyarnos sobre un **superficie dura** para que éste se deslice mejor, nos permite mayor velocidad de escritura manteniendo su calidad. Quienes suelen hacer tachaduras, previendo que no les dejen usar tippex, pueden optar por un **bolígrafo borrable por fricción** (marca Pilot o similar) que elimina cualquier rastro de su propia tinta. No obstante, determinados "bolígrafos rápidos" que se basan en tinta tipo gel, suelen ser peor para opositores **zurdos**, por razones obvias. Recordamos la necesidad de seguir exactamente las **instrucciones** que nos dé el tribunal al respecto, habida cuenta tenemos experiencias sobre la **anulación** de exámenes por el uso de este tipo de herramienta de escritura.
- No olvidemos que la mayoría de los títulos de los temas tienen tres puntos, por lo que debemos **dividir** la totalidad de materia que escribamos en tres partes similares. De esa forma, evitamos exponer mucho contenido de una parte en perjuicio de otra. Así pues, normalmente haremos tres puntos con varios sub-puntos cada uno buscando la conexión entre los mismos. Además, pondremos el **índice** al principio, tras el título, **introducción, conclusiones, bibliografía** -que incluye la legislación- y webgrafía. En **resumen**, queda muy bien, limpio y "amplio", la estructuración del examen de esta manera:

  - **Título** del Tema. 1ª página. Mayúsculas y en una única página.
  - **Índice**. 2ª página. En una sola página.
  - **Introducción**. 3ª y 4ª página. Debe tener cierta peculiaridad con objeto de atraer la curiosidad del corrector. Nombrar los descriptores del título y en cada uno dar una o dos referencias del mismo. Podemos "presentarlo" a través de su importancia en el currículo y citar sus referencias legislativas. Usar, preferentemente, dos páginas.
  - **Apartados o descriptores** y los sub-apartados. 5ª página. Es el eje alrededor del cual gira la nota relativa a los contenidos. Incluye definiciones, clasificaciones, teorías, líneas metodológicas, referencias curriculares, aplicaciones prácticas, actividades, etc., todo ello citando a autores y normativa que luego quedarán reflejados en la bibliografía, pero con una redacción técnica. En cualquier caso debemos marcar claramente cuándo finalizamos el primer punto y comenzamos el siguiente. Si somos "olvidadizos", podemos dejar un interlineado relativamente amplio por si nos acordamos después de algún detalle olvidado y deseamos incorporarlo sin tachones.

- **Conclusiones**. Lo más notable que hemos tratado, los puntos clave. Al ser lo último que el corrector lee, deben estar muy cuidadas porque puede influir decisivamente en la nota.
- **Bibliografía**. Reseñar algún libro "comodín" y de los autores nombrados anteriormente. También la legislación significada.
- **Webgrafía**. Alguna general, como revistas digitales, o específica.

En cualquier caso, es **imprescindible** conocer los **criterios de evaluación** que van a seguir los tribunales, máxime si son públicos, como viene ocurriendo en varias comunidades autónomas, y en Andalucía de forma más concreta, tal y como hemos citado en el capítulos anteriores. Debemos, pues, hacer caso de ellos y citar o desarrollar todos los **aspectos** que los criterios mencionan.

Precisamente, el tiempo no lo podemos "regalar" ni despreciar, por lo que si terminamos el examen y aún quedan cinco o diez minutos, debemos **repasar** lo escrito por si se nos ha olvidado algo relevante o no hemos puesto la debida atención a las faltas gramaticales, sesgos sexistas, escritura con "códigos SMS", etc. Así pues, debemos agotar el tiempo subsanando cualquier error.

Si la preparación ha sido buena, nada más hacerse el sorteo de los temas, debemos decidirnos por uno. Inmediatamente nos concentramos y empezamos a desarrollarlo, porque debemos ya tener "**automatizada**" su escritura. Si empezamos a dudar, comenzamos a perder el escaso tiempo que nos dan.

En caso de haber estudiado con "**esquemas**", lo mejor sería hacernos uno en sucio para usarlo como guía en la redacción del examen. Este folio nos sirve también para tomar notas, para ir estructurando el tema, etc. Pero, repetimos, la escritura del tema debemos tenerla automatizada porque si no perdemos el tiempo. Esta hoja la destruiríamos al terminar.

Si hemos preparado una introducción, conclusiones, bibliografía y webgrafía "estándar", podemos irlas escribiendo en el llamado "**tiempo perdido**" que suele haber desde que nos dan los folios hasta que sortean los números de los temas. Después podemos añadir los rasgos específicos del tema ya elegido.

Nuestros preparados suelen preguntarnos por la expresión a usar. Aconsejamos el "**plural mayestático**" (*nosotros, ahora vemos, podemos seguir, observamos*, etc.)

Otro aspecto importante es la **elección** del tema de entre los sorteados. Debemos hacer el que dominemos mejor, el que ya lo hayamos escrito muchas veces durante la preparación, el que nos garantice escribir más folios, en suma, el que nos dé más seguridad.

No olvidar llevarse **agua** y alguna pieza de **fruta**. Normalmente a finales de junio suele hacer mucho **calor** y la sensación de éste aumenta con la tensión del examen.

Ahora adjuntamos una **hoja con un resumen** de los **aspectos formales** del examen escrito del tema, aunque aplicable también a la redacción de los **casos prácticos**.

JOSÉ MARÍA CAÑIZARES MÁRQUEZ Y CARMEN CARBONERO CELIS

MODELO ESTÁNDAR DE PRESENTACIÓN PARA PRUEBA ESCRITA

2.- COORDINACIÓN Y EQUILIBRIO EN LA INICIACIÓN AL FÚTBOL ESCOLAR

2.1. CONCEPTUALIZACIONES PRELIMINARES.

Desde un primer momento es adecuado tener en cuenta que cualquier movimiento, por mínimo que sea, requiere coordinación y equilibrio adecuados. Por ejemplo, abrir y cerrar una mano conlleva que una serie de grupos musculares realicen (agonistas) la acción y que otros se relajen (antagonistas) para que aquéllos puedan actuar, así como que otros grupos estabilicen (fijadores) los de la muñeca para que lo anterior pueda tener lugar (Téllez, 2014).

La coordinación nos permite hacer lo pensado, es decir, realizar la imagen mental que nos hemos hecho, el esquema motor. Está íntimamente ligada a las habilidades y destrezas básicas a través de su relación con la coordinación dinámico general y la coordinación óculo-segmentaria, respectivamente (Mateos y Garriga, 2015).

Precisamente, las edades porpias de la Primaria son las más críticas para el desarrollo de las capacidades coordinativas (Bugallal, 2011).

Si nos fijamos atentamente en un partido de fútbol podemos observar numerosas acciones diferentes y que, mal hechas, pueden producir lesiones, como dejinses:

a) Carreras
b) Saltos
c) Giros
d) Lanzamientos

Todos ellos con infinidad de VARIANTES. Para que todos esos gestos "salgan bien" ~~havrá~~ habrá sido necesario un director que regule todos los mov. Esta es la función del sistema nervioso.

PARTES ESTÁNDARES A TODOS LOS TEMAS.

Muchas de las personas que preparamos tienen **problemas** por la falta de tiempo o de, simplemente, por ser poco capaces de aprender **introducciones, conclusiones, bibliografías, legislación y webgrafía** de cada uno de los temas.

Uno de los **remedios** para no "castigar" la memoria es confeccionarse unos "**estándares**" o "**comunes**" que den servicio a estos apartados.

Si a ello le unimos la racionalidad en la confección del Índice, a partir de los tres o cuatro apartados o descriptores del título del tema, hemos ahorrado un esfuerzo a nuestra memoria.

Así pues, vamos a dar una serie de **consejos** para que cada persona lectora los elabore de una forma sencilla pero eficaz unos textos usuales, si bien deberíamos a continuación podríamos **complementarlos** con unos **rasgos específicos** del tema que, prácticamente, nos vienen dado por el **título** del tema que nos escribirá el tribunal en la pizarra de la sala de examen. Por ejemplo, si la Introducción la hacemos en dos páginas, los aspectos comunes pueden suponer entre el 60-75 %, es decir, página y un tercio de la siguiente. Si la Conclusión la hacemos en una única, las tres cuartas partes podemos dedicarla a los textos estandarizados y el resto a los concretos del tema escrito.

INTRODUCCIONES COMUNES A TODOS LOS TEMAS

Cuando hemos hablado con los componentes de los tribunales, habitualmente nos indican que suelen fijarse en el "detalle" de si el opositor ha puesto desde el principio o no **referencias** a la **legislación actual**, debido a que suelen entender que cualquier tema debe redactarse **a partir** de las leyes educativas, decretos y órdenes que las desarrollan. Así pues, debemos hacer mención, **respetando su jerarquía**, de:

- Ley Orgánica 8/2013, de 9 de diciembre, para la mejora de la calidad educativa (LOMCE). B.O.E. nº 295, de 10/12/2013.
- Ley Orgánica 2/2006, de 3 de mayo, de Educación (LOE). B.O.E. nº 106 del 04/06/2006. (Modificada por la LOMCE/2013).
- Ley 17/2007, de 10 de diciembre, de Educación en Andalucía. B.O.J.A. nº 252, de 26/12/2007.
- M. E. C. (2014). *Real Decreto 126/2014, de 28 de febrero, por el que se establece el currículo básico de la Educación Primaria.* B. O. E. nº 52, de 01/03/2014.
- M.E.C. (2015). *Orden ECD/65/2015, de 21 de enero, por la que se describen las relaciones entre las competencias, los contenidos y los criterios de evaluación de la educación primaria, la educación secundaria obligatoria y el bachillerato.* B.O.E. nº 25, de 29/01/2015.
- JUNTA DE ANDALUCÍA (2015). *Decreto 97/2015, de 3 de marzo, por el que se establece la ordenación y el currículo de la educación Primaria en la comunidad Autónoma de Andalucía.* BOJA nº 50 de 13/013/2015.
- JUNTA DE ANDALUCÍA (2015). *Orden de 17 de marzo de 2015, por la que se desarrolla el currículo correspondiente a la educación Primaria en Andalucía.* BOJA nº 60 de 27/03/2015.

No obstante, entendemos que sería un buen detalle **citar** también a las **Competencias Clave**, habida cuenta su importancia a partir de la publicación de la LOE/2006, actualizada por la LOMCE/2013.

Igualmente podemos hacer mención a la legislación correspondiente a la evaluación o a la relacionada con la atención a la **diversidad**, pero tanto texto no nos cabe, de ahí la necesidad de **sintetizar** la información que consideremos más representativa.

Otra línea es plasmar alguna "**frase hecha**", como "*enseñar Educación física con éxito supone diseñar una programación coherente con el contexto, disponer de un amplio abanico de estrategias didácticas, generar un clima de clase que invite al aprendizaje, utilizar adecuadamente los recursos materiales y tecnológicos e integrar la evaluación en el proceso de aprendizaje*" (Blázquez y otros, 2010).

Otro ejemplo puede ser: "*Uno de los fines genéricos que persigue la Educación Física escolar es el de favorecer la ubicación personal del alumno/a en la sociedad, en una cultura corporal donde la escuela proporcione al alumnado los medios apropiados para su acceso y, en consecuencia, conseguir los beneficios que de ella pueden conseguir: desarrollo personal; equilibrio psicofísico; mejorar la salud; disfrutar del tiempo de ocio; etc., así como el desarrollo de la autonomía personal ante las influencias que imponen los nuevos mitos sociales*". "*El cuerpo y el movimiento como ejes básicos de nuestra acción educativa*"; "*el área de Educación Física se muestra sensible a los acelerados cambios que experimenta la sociedad...*"; "*la importancia de las relaciones interpersonales que se generan alrededor de la actividad física permiten incidir en la asunción de valores como el respeto, la aceptación, la cooperación...*", procedentes de legislaciones pasadas, pero de plena actualidad por la temática expresada.

Posteriormente, en la Introducción debemos hacer referencias a la materia que trata el tema elegido, lo que antes hemos referenciado como "rasgos específicos". Esto nos resulta fácil con un poco de práctica, simplemente comentando una o dos líneas a partir del título del tema que el tribunal detalla en la pizarra. No obstante, el sentido de lo que expresemos debe ir encaminado a lo que "vamos a tratar en el desarrollo del tema..."

CONCLUSIONES COMUNES A TODOS LOS TEMAS

Si en las introducciones se basan en lo que "vamos a estudiar en el tema...", con las Conclusiones ocurre al contrario: "a lo largo del tema hemos visto (escrito, estudiado, tratado, etc.) la importancia de..." Para ello podemos **actuar** como antes, es decir, un par de **párrafos comunes** a todas las temáticas. Por ejemplo, "la trascendencia del conocimiento del propio cuerpo, vivenciándolo y disfrutándolo, además de respetarlo". Otra posibilidad es incluir un párrafo basándonos en algunos ejemplos de estos textos **estandarizados**:

"*Todos los niños y niñas tienen el derecho a una educación de calidad que permita su desarrollo integro de sus posibilidades intelectuales, físicas, psicológicas, sociales y afectivas*" (Decreto 328/2010). "*Entendemos la etapa de primaria como fundamental para el desarrollo de las capacidades motrices del alumnado y donde el docente debe observar las deficiencias de éstos para corregirlas lo más rápidamente posible*".

En Andalucía, la O. 17/03/2015, indica que: "*la Educación Física es un área en la que se optimizan las capacidades y habilidades motrices sin olvidar el cuidado del cuerpo, salud y la utilización constructiva del ocio. En Educación física se producen relaciones de cooperación y colaboración, en las que el entorno puede ser estable o variable, para conseguir un objetivo o resolver una situación. La atención selectiva, la interpretación de las acciones de otras personas, la previsión y anticipación de las propias acciones teniendo en cuenta las estrategias colectivas, el respeto de las normas, la resolución de problemas, el trabajo en grupo, la necesidad de organizar y adaptar las respuestas a las variaciones del entorno, la posibilidad de conexión con otras áreas, el juego como herramienta primordial, la imaginación y creatividad".*

Posteriormente plasmamos algunos rasgos de lo más característico que hemos escrito durante la redacción del tema escogido. Realmente se trata de que destaquemos lo más trascendental de cada uno de los apartados de los descriptores del título, pero con información nueva, expresando que "a lo largo del tema hemos visto la importancia de..." o "hemos indicado en la redacción del tema los conceptos, clasificaciones, didáctica de...".

BIBLIOGRAFÍA COMÚN A TODOS LOS TEMAS

Hay quien diferencia **bibliografía** de **legislación**. Nosotros, al estar ambos documentos en formato papel, lo **unificamos**.

Evidentemente cada tema tiene una serie de volúmenes principales o monográficos de apoyo, pero también está muy claro que hay una serie de **libros generales de didáctica** que vienen muy bien tenerlos en cuenta para ponerlos en la mayoría de los temas. Son las publicaciones que habitualmente se manejan en las facultades de Magisterio. Los tribunales suelen valorar más ediciones de los **últimos años**, aunque siempre habrá libros "clásicos", sobre todo las **monografías** de conocidos autores y que son muy **específicas** de los **temas**. Por ejemplo, Delgado Noguera en temas relacionados con la metodología y organización; Blázquez con evaluación y con la iniciación deportiva; Rigal en motricidad, etc.

Algunos ejemplos de bibliografía **común**, es decir, libros que prácticamente en su totalidad tratan **todas** las **materias** de los veinticinco temas, son:

ADAME, Z. y GUTIÉRREZ DELGADO, M. (2009). *Educación Física y su Didáctica. Manual de Programación*. Fondo Editorial de la Fundación San Pablo Andalucía CEU. Sevilla.

ARRÁEZ, J. M.; LÓPEZ, J. M.; ORTIZ, Mª M. y TORRES, J. (1995). *Aspectos básicos de la Educación Física en Primaria. Manual para el Maestro*. Wanceulen. Sevilla.

BLÁZQUEZ, D.; CAPLLONCH, M.; GONZÁLEZ, C.; LLEIXÁ, T.; (2010). *Didáctica de la Educación Física. Formación del profesorado*. Graó. Barcelona.

CAÑIZARES, J. Mª y CARBONERO, C. (2009). *Currículum de Educación Física en Primaria para Andalucía*. Wanceulen. Sevilla.

CAÑIZARES, J. Mª y CARBONERO, C. (2009). *Currículum de Educación Física en Primaria*. Wanceulen. Sevilla.

CHINCHILLA, J. L. y ZAGALAZ, M. L. (2002). *Didáctica de la Educación Física*. CCS. Madrid.

CONTRERAS, O. R. y GARCÍA, L. M. (2011). *Didáctica de la Educación Física. Enseñanza de los contenidos desde el constructivismo*. Síntesis. Madrid.

CONTRERAS, O. y CUEVAS, R. (2011). *Las Competencias Básicas desde la Educación Física*. INDE, Barcelona.

FERNÁNDEZ GARCÍA, E. -coord.- (2002). *Didáctica de la Educación Física en la Educación Primaria*. Síntesis. Madrid.

FERNÁNDEZ GARCÍA, E. -coord.- CECCHINI, J. A. y ZAGALAZ, Mª L. (2002). *Didáctica de la educación física en la educación primaria*. Síntesis. Madrid.

GALERA, A. D. (2001). *Manual de didáctica de la educación física. Una perspectiva constructivista moderada*. Vol. I y II. Paidós. Barcelona.

GIL MORALES, P. (2001). *Metodología didáctica de las actividades físicas y deportivas*. Fundación Vipren. Cádiz.

SÁENZ-LÓPEZ, P. (2002). *La Educación Física y su Didáctica*. Wanceulen. Sevilla.

SÁNCHEZ BAÑUELOS, F. (1996) *Bases para una Didáctica de la Educación Física y los Deportes*. Gymnos. Madrid.

SÁNCHEZ BAÑUELOS, F. y FERNÁNDEZ, E. -coords.- (2003). *Didáctica de la Educación Física para Primaria*. Prentice Hall.

SÁNCHEZ GARRIDO, D. y CÓRDOBA, E. (2010). *Manual docente para la autoformación en competencias básicas*. C.E.J.A. Málaga.

VICIANA, J. (2002). *Planificar en Educación Física*. INDE. Barcelona.

VILLADA, P. y VIZUETE, M. (2002). *Los Fundamentos teóricos-didácticos de la Educación Física*. Secretaría General Técnica del M. E. C. D. Madrid.

VV. AA. (2008). *Colección de manuales de atención al alumnado con necesidades específicas de apoyo educativo*. (10 volúmenes). C. E. J. A. Sevilla.

ZAGALAZ, Mª L.; CACHÓN, J.; LARA, A. (2014). *Fundamentos de la programación de Educación Física en Primaria*. Síntesis. Madrid.

Esta relación, o parte de ella, no debe aparecer en exclusiva. Antes que nada debemos recordar que es muy conveniente **reseñar autores y año** de publicación **durante** la **redacción** de los diversos apartados o descriptores. Esto, obviamente, nos obliga a incluirlos en la bibliografía "específica" de cada tema. Por ejemplo, en los temas relacionados con la psicomotricidad (7 – 9 – 10 – 11) recomendamos citar a:

RIGAL, R. (2006). *Educación motriz y educación psicomotriz en Preescolar y Primaria*. INDE. Barcelona.

SASSANO, M. (2015). *El cuerpo como origen del tiempo y del espacio. Enfoques desde la Psicomotricidad*. Miño y Dávila editores. Buenos Aires.

TAMARIT, A. (2016). *Desarrollo cognitivo y motor*. Síntesis. Madrid.

Hay una serie de **documentos legislativos** "obligatorios" porque, entre otras cosas, los hemos debido referir en el examen escrito. Además, debemos reseñar otros **específicos** de los temas. Por ejemplo, si tratamos la "evaluación", debemos anotar la Orden de 4 de noviembre de 2015, por la que se establece la ordenación de la evaluación del proceso de aprendizaje del alumnado de educación Primaria en la Comunidad Autónoma de Andalucía.

La legislación general ya la hemos indicado en el apartado anterior sobre "Introducciones comunes", aunque referida a Andalucía. **Cada persona opositora debe adecuarla a la comunidad autónoma donde se presente.**

WEBGRAFÍA COMÚN A TODOS LOS TEMAS

Hoy día muchas de nuestras fuentes consultadas se encuentran en **Internet**, de ahí que debamos señalar algunas **webs fiables**. Nos inclinamos por revistas electrónicas de prestigio en la didáctica general y en la educación física en particular, así como a los portales de las propias **consejerías** de educación de la comunidades autónomas. Todas ofrecen recursos didácticos, experiencias… y legislación aplicada.

Algunos ejemplos, son:

http://www.agrega2.es
http://recursos.cnice.mec.es/edfisica/
http://www.ite.educacion.es/es/recursos
http://www.educarm.es/admin/recursosEducativos#nogo
www.juntadeandalucia.es/educacion/descargasrecursos/curriculo-primaria/index.html
http://www.gobiernodecanarias.org/educacion/webdgoie/
http://www.educarex.es/web/guest/apoyo-a-la-docencia
http://www.catedu.es/webcatedu/index.php/recursosdidacticos
http://www.adideandalucia.es

TEMA 12
LA EXPRESIÓN CORPORAL EN EL DESARROLLO DEL AREA DE LA EDUCACIÓN FÍSICA. MANIFESTACIONES EXPRESIVAS ASOCIADAS AL MOVIMIENTO CORPORAL. INTERVENCIÓN EDUCATIVA.

INDICE

INTRODUCCIÓN

1. LA EXPRESIÓN CORPORAL EN EL DESARROLLO DEL ÁREA DE EDUCACIÓN FÍSICA.

    1.1. Definiciones.

    1.2. La Expresión Corporal en el Diseño Curricular.

    1.3. El cuerpo y el movimiento como elementos de expresión y comunicación.

2. MANIFESTACIONES EXPRESIVAS ASOCIADAS AL MOVIMIENTO CORPORAL.

    2.1. Aspectos históricos.

    2.2. Orientaciones en la Expresión Corporal.

3. INTERVENCIÓN EDUCATIVA.

    3.1. Ejemplos de actividades lúdicas.

    3.2. Aspectos metodológicos.

    3.3. Los recursos en expresión corporal.

    3.4. Estructura de la clase en expresión corporal.

    3.5. La evaluación en expresión corporal.

CONCLUSIONES

BIBLIOGRAFÍA

WEBGRAFÍA

INTRODUCCIÓN

La Expresión Corporal es una realidad muy joven, nos encontramos todavía en una fase de exploración inicial porque todo lo aportado por los creadores y autores aún no ha sido convenientemente analizado y estructurado (Rodríguez Terrón, 2006).

La expresión y comunicación corporal se configura como medio fundamental de relación de las personas desde sus primeros meses de vida, hasta la adquisición de otras vías que les permitan la comunicación (Vizuete, 2003). Por lo tanto, no se trata de buscar la eficacia sino de ayudar a encontrar un cuerpo expresivo capaz de comunicar ideas, sentimientos, etc., en un espacio y tiempo tanto personal como colectivo.

Si bien sus orígenes, desde el punto de vista de su sistematización, los encontramos en la Escuela Alemana-Movimiento de Centro, la LOGSE la dotó de un soporte "legal" dándole una gran importancia en el currículum, aunque arrastró tras sí una carga de estereotipos sexistas que es necesario eliminar aún hoy día. La L. O. E. lo ratificó.

La Expresión Corporal, como resultado de la percepción reflexiva y del movimiento expresivo, debe estar centrada en la presencia, conciencia y vivencia del cuerpo como totalidad personal en el movimiento (Arteaga, Viciana y Conde, 1997).

En el ámbito de la actividad física es donde posee una mayor relevancia porque tiene una gran riqueza educativa, aunque es difícil de aplicar para muchos docentes (Cachadiñas -coord.-, 2006). A partir de aquí nos podemos aproximar más a la idea de "lenguaje corporal", especialmente desde que se emplean técnicas expresivas específicas como las propias del mimo, baile, dramatización, etc.

Una educación rica en Expresión Corporal o una Expresión Corporal rica en valores educativos va a preparar al niño y a la niña para muchas más cosas que para poder expresarse y captar mensajes a través del lenguaje corporal (Gil y Gutiérrez, 2005).

El currículum actual destaca la expresión en los objetivos de Etapa y Área, así como en el bloque de contenidos número tres y en varios criterios y estándares de aprendizaje.

Destacamos cuatro manifestaciones expresivas que usan parecidos medios, aunque objetivos desiguales: psicológica, metafísica, escénica y pedagógica.

Actualmente, están apareciendo "prácticas no tradicionales" que utilizan métodos relacionados con la Expresión y Comunicación Corporal, que persiguen una formación desde la perspectiva de la experiencia vivencial de la persona, cualquiera que sea su edad y condición (Cuéllar y Francos, 2008).

En la práctica expresiva las propuestas se centran, fundamentalmente, en la búsqueda del equilibrio y la armonía entre la vertiente física y psíquica. Por esta razón nos servimos de elementos que la **motricidad** también puede ofrecer para la realización de nuestro trabajo, puesto que, para llegar a conseguir que el cuerpo se exprese, hay que saber trasladar la idea y la imagen al gesto físico. Así, el conocimiento del propio cuerpo, actitud, postura, relajación, respiración, las capacidades perceptivas y coordinativas, además de la expresión de emociones y sentimientos, la creatividad... nos ayudarán a conseguir el desarrollo armónico corporal y psíquico del individuo (Shinca, 2011).

1. LA EXPRESIÓN CORPORAL EN EL DESARROLLO DEL ÁREA DE EDUCACIÓN FÍSICA.

Expresividad es la capacidad potencial del ser humano cuyo efecto se refleja en la expresión. **Expresión** es el acto de exteriorizar algo oculto. En cambio, **creación** es la capacidad de realizar, inventar una realidad nueva e inexistente y es una capacidad potencial del ser humano (Rodríguez Terrón, 2006).

Se consolida como contenido desarrollado en el currículum escolar a partir de la década de los 90 del pasado siglo, aunque aún sigue siendo un aprendizaje que exige mayores matices que otros más habituales en la cultura de la Educación Física. Así pues, tiene un espacio propio y equilibrado, sobre todo en Primaria (Navarro, 2007).

La expresión corporal se basa en dos pilares (Motos, 1983):

a) La **técnica** nos proporciona el conocimiento de las posibilidades corporales a través de la conciencia segmentaria y el análisis y estudio del movimiento.

b) La **espontaneidad** que surge de del potencial vital y creador del alumnado.

Es una capacidad que nos otorga la liberación, exteriorización y nos sensibiliza el conocimiento, manteniéndonos abierto al mundo, a la sociedad y a nuestro propio "yo" a través del lenguaje corporal expresivo (Cuéllar y Francos, 2008).

1.1. DEFINICIONES.

En la bibliografía especializada hay muchos autores que la definen, si bien el término puede admitir varias interpretaciones (Ortiz, 2002). De los más conocidos escogemos a:

Shinca (1983):

"Disciplina que estudia y profundiza el empleo del cuerpo, buscando un lenguaje propio a través del trabajo corporal".

Villada y Vizuete (2002):

"Capacidad que permite a todos los seres humanos que exterioricen y pongan de manifiesto sus deseos, sentimientos, pensamientos, emociones y sensaciones, materializándolo a través del cuerpo. La expresión corporal se sirve de los gestos, las posturas, las miradas, el movimiento y de todas las posibilidades que el cuerpo humano es susceptible de generar"

Rodríguez Terrón (2006):

"Disciplina que tiene por objeto el estudio, trabajo y desarrollo de los aspectos expresivos, comunicativos, afectivos y cognoscitivos del cuerpo y el movimiento. Todo ello orientado hacia la formación integral de la persona".

Zagalaz, Cachón y Lara (2014):

Toman como referencia al DRAE, *"técnica practicada por el intérprete para expresar circunstancias de su papel por medio de gestos y movimientos, con independencia de la palabra"*

En **resumen** podemos decir que es *"toda acción, gesto o palabra desarrollado por nuestro cuerpo con el fin de comunicarnos"* (Ortiz, 2000).

1.2. LA EXPRESIÓN CORPORAL EN EL DISEÑO CURRICULAR.

En el ámbito de la Educación Física, la Expresión Corporal debe contribuir al desarrollo integral del individuo potenciando el conocimiento y desarrollo del lenguaje corporal a través de técnicas que favorezcan:

- Exteriorizar lo más profundo de cada individuo a través del cuerpo y del movimiento, es decir, **expresar**.
- Reforzar la utilización del cuerpo y el movimiento como medios de **comunicarnos**.
- Analizar el valor **estético** y **artístico** del cuerpo (Ortiz, 2002).

La Ley 17/2007, de Educación de Andalucía, estima en su artículo 40 que el currículo escolar deberá recoger **hechos diferenciadores de Andalucía**, como el **flamenco**. La O. de 7/05/2014, establece medidas para la **inclusión** del Flamenco en el **sistema educativo andaluz**.

En todos los elementos del Diseño aparecen referencias a la Expresión Corporal:

a) R. D. 126/2014, Artículo 6. *Principios generales.*

"La **finalidad** de la Educación Primaria es facilitar a los alumnos y alumnas los aprendizajes de la **expresión** y comprensión oral, la lectura, la escritura, el calculo, la adquisición de nociones básicas de la cultura, y el hábito de convivencia así como los de estudio y trabajo, el **sentido artístico**, la **creatividad** y la **afectividad**, con el fin de garantizar una formación integral que contribuya al pleno desarrollo de la personalidad de los alumnos y alumnas y de prepararlos para cursar con aprovechamiento la E.S.O. La acción educativa en esta etapa procurará la integración de las distintas **experiencias** y aprendizajes del alumnado y se adaptará a sus ritmos de trabajo".

El mismo R.D. indica sobre el currículo que *"los elementos curriculares de la programación de la asignatura de Educación Física pueden estructurarse en torno a cinco situaciones motrices diferentes"*. Una de ellas está relacionada con el **expresión**: *"Acciones motrices en situaciones de índole artística o de expresión. En estas situaciones las respuestas motrices requeridas son de carácter estético y comunicativo y pueden ser individuales o en grupo. El uso del espacio, las calidades del movimiento, así como los componentes rítmicos y la movilización de la imaginación y la creatividad en el uso de diferentes registros de expresión (corporal, oral, danzada, musical), son la base de estas acciones. Dentro de estas actividades tenemos los juegos cantados, la expresión corporal, las danzas, el juego dramático y el mimo, entre otros"*.

b) O. 17/03/2015. *Aspectos Generales del Área de Educación Física. Introducción.*

"El área de Educación física tiene como finalidad principal el desarrollo de la competencia motriz orientada a la puesta en práctica de procesos, conocimientos y actitudes motrices para realizar actividades y ejercicios físicos, representaciones, escenificaciones, juegos y deportes. La enseñanza de la Educación física ha de promover y facilitar que alumnos y alumnas se sientan bien con su cuerpo, que adquieran una comprensión significativa del mismo y de sus posibilidades a fin de

*conocer y dominar actuaciones diversas que les permitan su desenvolvimiento de forma normalizada en el medio, mejorar sus condiciones de vida, disfrutar del ocio y establecer ricas y fluidas **interrelaciones** con los otros. De igual manera, se debe resaltar la importancia educativa del **conocimiento corporal vivenciado** y de sus posibilidades lúdicas, **expresivas y comunicativas**; así como la importancia de la aceptación del propio cuerpo y de utilizarlo eficazmente".*

c) Competencias Clave.

La LOMCE/2013 indica una serie de competencias. Las más relacionadas, son:

- **Conciencia y expresiones culturales.** La expresión de ideas o sentimientos de forma creativa contribuye mediante la exploración y utilización de las posibilidades y recursos del cuerpo y del movimiento. A la apreciación y comprensión del hecho cultural, y a la valoración de su diversidad, lo hace mediante el reconocimiento y la apreciación de las manifestaciones culturales específicas de la motricidad humana, tales como los deportes, los juegos tradicionales, las actividades expresivas o la danza y su consideración como patrimonio de los pueblos.

- **Comunicación lingüística.** Ofrece gran variedad de intercambios comunicativos, del uso de las normas que los rigen y del vocabulario específico que el área aporta.

- **Competencias sociales y cívicas.** Las características de la Educación física, sobre todo las relativas al entorno en el que se desarrolla y a la dinámica de las clases, la hacen propicia para la educación de habilidades sociales, cuando la intervención educativa incide en este aspecto. Las actividades físicas y en especial las que se realizan colectivamente son un medio eficaz para facilitar la relación, la integración y el respeto, a la vez que contribuyen al desarrollo de la cooperación y la solidaridad. Los elementos fundamentales de esta competencia incluyen el desarrollo de ciertas destrezas como la capacidad de comunicarse de una manera constructiva en distintos entornos sociales y culturales, mostrar tolerancia, expresar y comprender puntos de vista diferentes, negociar sabiendo inspirar confianza y sentir empatía. Las personas deben ser capaces de gestionar un comportamiento de respeto a las diferencias expresado de manera constructiva.

d) Objetivos de Etapa.

Destacamos al objetivo "**j**" "*Utilizar diferentes representaciones y expresiones artísticas e iniciarse en la construcción de propuestas visuales*". Pero hay otros aplicables.

e) Objetivos de Área para la Etapa.

El objetivo **O. EF. 3** del Área de Educación Física indica "*Utilizar la imaginación, creatividad y la expresividad corporal a través del movimiento para comunicar emociones, sensaciones, ideas y estados de ánimo, así como comprender mensajes expresados de este modo*". También otros objetivos están relacionados aunque no tan directamente, como es el caso del O. EF.1., sobre el "conocimiento del propio cuerpo".

f) Bloques de Contenido

La Expresión Corporal está ubicada en el **Bloque 3**: "*La Expresión corporal: expresión y creación artística: se refiere al uso del movimiento para comunicarse y expresarse, con creatividad e imaginación*" (O. 17/03/2015). Ponemos algunos **ejemplos**:

3.1. Investigación y exploración de las posibilidades expresivas del cuerpo (tono muscular, mímica, gestos) y del movimiento (ritmo, espacio, tiempo).
3.2. Expresión e interpretación de la música en general y el flamenco en particular a través del cuerpo, sincronizando sencillas estructuras rítmicas a
partir de un compás y un tempo externo.
3.3. Práctica de sencillos bailes y danzas populares o autóctonas de la Comunidad Andaluza.
3.4. Imitación y representación desinhibida de emociones y sentimientos a través del cuerpo, el gesto y el movimiento.

g) Evaluación.

El **criterio** más directamente relacionado con la expresión es el nº 2 (R.D.126/2014):

2. *Utilizar los recursos expresivos del cuerpo y el movimiento, de forma estética y creativa, comunicando sensaciones, emociones e ideas.*

Los **indicadores** que le corresponden, son:

2.1. Representa personajes, situaciones, ideas, sentimientos utilizando los recursos expresivos del cuerpo individualmente, en parejas o en grupos.
2.2. Representa o expresa movimientos a partir de estímulos rítmicos o musicales, individualmente, en parejas o grupos.
2.3. Conoce y lleva a cabo bailes y danzas sencillas representativas de distintas culturas y distintas épocas, siguiendo una coreografía establecida.
2.4. Construye composiciones grupales en interacción con los compañeros y compañeras utilizando los recursos expresivos del cuerpo y partiendo de estímulos musicales, plásticos o verbales.

1.3. EL CUERPO Y EL MOVIMIENTO COMO ELEMENTOS DE EXPRESIÓN Y COMUNICACIÓN.

El cuerpo y el movimiento corporal asociado al individuo han supuesto formas de comunicación que se han usado para sacar al exterior sentimientos, estados de ánimo e ideas muy variadas. Es la forma que en que cada persona se manifiesta espontáneamente y que, a su vez, es susceptible de ser observada por los demás dando lugar al fenómeno de la comunicación (Zagalaz, Cachón y Lara, 2014).

Stokoe (1986), analiza desde un punto de vista didáctico la siguiente clasificación:

- Comunicación **intrapersonal**. La establece el individuo consigo mismo. Mejora su esquema corporal.
- Comunicación **interpersonal**. Se establece con otro para interactuar y conocimiento mutuo para obtener un verdadero diálogo corporal.
- Comunicación **grupal**. La que realizan tres o más personas.
- Comunicación **intergrupal**. Se establece entre dos grupos.

2. MANIFESTACIONES EXPRESIVAS ASOCIADAS AL MOVIMIENTO CORPORAL.

En la comunicación interpersonal usamos dos canales de comunicación: la palabra o comunicación verbal y el gesto y la postura o comunicación no verbal. La primera usa la vía acústica y dentro de ésta el lenguaje verbal o lo que se dice y el paraverbal o cómo se dice. En la no verbal, usamos las vías táctil y visual (Motos, 1983).

De cualquier forma, los elementos básicos de la comunicación son el emisor, el mensaje, el canal y el receptor. Dependiendo del canal usado para mandar el mensaje, se dan diversos tipos de expresión y comunicación (Delgado, Tercedor y Torre, 2008).

Todos estos elementos, a lo largo de la historia, han tenido diversas tendencias y usos que ahora comentamos.

2.1. ASPECTOS HISTÓRICOS.

Para este punto tomamos como base a Chinchilla y Díaz (2015).

En la **Prehistoria**, la danza es una manifestación de carácter étnico. A través de ella se invoca a la naturaleza y se representan los diferentes elementos naturales para ejercer el control sobre ellos. Se danza para sacrificios, se danza imitando a los animales para atraerlos, también alrededor de los ancianos para captar su sabiduría, etc.

En las **Antiguas Culturas**, tras el paso de tribus a naciones, la danza se hermetiza y codifica y la hacen especialistas, aunque esto no impide que cada cultura tenga las suyas.

En la **Edad Media** el culto al cuerpo pasa a un segundo plano debido, entre otras cosas, al dualismo cuerpo-mente que hace que aquél sea un obstáculo para la salvación del alma. Surge la "momería" a modo de antesala del ballet teatral, donde los participantes actúan disfrazados y con máscaras, si bien le falta la acción dramática coordinada y la diversidad de danzas. Los "Entremeses" son muy comunes en los siglos XIV y XV y se representan durante las comidas.

En el **Renacimiento** empiezan a ignorarse las prohibiciones provenientes de la Iglesia sobre las actividades expresivas y surge el Humanismo, que retoma el pensamiento de la Cultura Clásica. Entre los espectáculos típicos de la época están las "Mascaradas" y los "Intermedios", de procedencia italiana, y las "Fiestas" y la "Interacción Artística", originarias de Italia y Francia, que desemboca en el "Ballet de Cour", a finales del siglo XVI. Posteriormente decae, dando paso a la Ópera Italiana y al Teatro. El profesionalismo de la danza hace que decaiga la inspiración.

En el **siglo XVI** el ballet surge en Francia auspiciado por la nobleza. Beauchamp hace evolucionar a la danza clásica, codificándola y estableciendo las cinco posiciones de base.

En el **siglo XVIII**, Noverre es considerado un personaje clave por sus trabajos en el teatro, la coreografía y en la reforma de la danza, así como ser el inspirador de la actual Gimnasia Moderna.

Ya en el **siglo XIX** encontramos una conexión en fase inicial de las actividades corporales expresivas y estéticas, concretamente con los considerados promotores de la gimnasia moderna. Delsarte es precursor de la danza moderna e influye decisivamente en la propagación de la expresión corporal en U.S.A. a finales de siglo.

Así, tras intentos de ideas globalizadoras, a finales del siglo XIX y principios del **siglo XX**, tras los acontecimientos de **Mayo de 1968** y la explosión de los movimientos del rock y del pop, la psicodelia y la contracultura, encuentra el "cuerpo expresivo" su verdadera dimensión. No obstante, tenemos que mencionar a los "Sistemas Rítmicos", en concreto, la Gimnasia Rítmica con Dalcroze; la Gimnasia Expresiva con Isadora Duncan; Von Laban, Wigmann y Bode; la Gimnasia Moderna con Heinrich Medau, Hilma Jalkanen y Ernest Idla. También podemos destacar en el siglo XX a Alberto Dallo y Otto Hannebuth. En el último cuarto del siglo surgen nuevos sistemas rítmicos como la Gimnasia Jazz, la Danza-Jazz, el Aeróbic y sus variantes de Step, Cardiobox, etc. (Fernández García, 2011). También los Bailes de Salón y las Danzas Foclóricas (Otero, 2012).

En los primeros lustros del **siglo XXI** debemos destacar el auge de las actividades relacionadas con las coreografías, posiblemente debido al apoyo de determinados programas y concursos de televisión, entre otros motivos. En cualquier caso, las TIC, aparecidas a finales del siglo XX y en pleno desarrollo en el siglo XXI, han traído "nuevas formas" formas a la expresión, sobre todo como medio para su aplicación didáctica, como veremos más adelante. En cualquier caso, la "**zumba**" está de plena moda, sin olvidarnos de la "**batuka**" o la "**capoeira**" y otras coreografías con ritmos muy dinámicos.

2.2. ORIENTACIONES EN LA EXPRESIÓN CORPORAL.

Fernández -coord.-, (2002) y Delgado, Tercedor y Torre, (2008), basándose en Le Baron (1982), indican que dentro del panorama de las "*manifestaciones expresivas asociadas al movimiento corporal*", tanto en sus fundamentos teóricos como en los prácticos, existen cuatro **corrientes u orientaciones** de aplicación bien definidas. Se caracterizan porque todas ellas utilizan los mismos medios e idénticos ejercicios, aunque su finalidad está claramente diversificada:

a) ORIENTACIÓN PSICOLÓGICA.

Introduce la expresión corporal en la esfera de las **terapias psicoanalíticas** de inspiración freudiana. No se trata aquí de concretar o expresar un personaje con la intención de un espectáculo, sino de profundizar en **uno mismo** y, sobre todo, en su relación con los demás, reeducando y reequilibrando al sujeto que la practica, ofreciéndole ajustes conductuales (Valín, 2010).

El descubrimiento del propio cuerpo, la puesta en relación con otro por la mirada, la palabra, el contacto, el placer que se puede tener jugando con el cuerpo, hacen que algunas sesiones puedan servir de sustitutos a curas psicoanalíticas **clásicas**.

En los últimos años se practica con fines terapéuticos la "danzaterapia" y la "biodanza" (Montávez, 2005).

b) ORIENTACIÓN METAFÍSICA o FILOSÓFICA-SOCIAL.

Procede de las filosofías y prácticas orientales, donde el cuerpo es el medio de tránsito ritual hacia el "más allá" (Rodríguez Terrón, 2006). Corresponde a una búsqueda de lo espiritual, traducidas tanto por una técnica naturista en el paraíso como en la meditación trascendente. Es el Zen, yoga, meditación trascendental,... trata de una unión del alma-cuerpo, de experiencias no habituales del cuerpo y de la mente (Rojas, 2007).

c) ORIENTACIÓN ESCÉNICA.

Está próxima a las **artes** y al profesionalismo del **espectáculo**, incluyendo las técnicas acrobáticas y el mimo, donde todos los componentes del arte escénico son estudiados y tomados en cuenta. Se pone el acento en la **transmisión** al público de un **mensaje** en el cual se busca la coherencia óptima entre un personaje o un sentimiento que es interpretado, y la forma del gesto más apropiado para expresarlo y comunicarlo (Mateu, 1999).

d) ORIENTACIÓN PEDAGÓGICA-ESCOLAR.

En educación física se utiliza fundamentalmente la **dramatización**, el **mimo** y la **danza**. Pretende que el alumnado conozca y desarrolle sus capacidades expresivas y sepa comunicarse con los demás a través de las mismas. Un sector de la "nueva educación física", se centra en la **exploración** del movimiento más que en el aprendizaje de unas técnicas cuyo fin es el deporte y no concibe la formación corporal sin una iniciación a la **creación**. Incluso aplican estos contenidos en la "educación de personas adultas" a través de talleres. Con la L.O.G.S.E., la renovación llevada a cabo en los objetivos, métodos y contenidos de la educación física, arranca de una concepción nueva del cuerpo y la enseñanza. La LOE/2006, modificada por la LOMCE/2013, lo **reafirmó**. En este sentido cabe destacar el bloque de contenidos del Área.

El conjunto de estas concreciones supone la actuación de mecanismos relacionados con conceptos tales como la creatividad, creación, simbolización, representación, emoción, sensación, expresión, lo imaginario, el sentimiento...

Por otro lado, destacamos que favorece la comunicación dentro de la estructura de **participación social del aula** -interacciones entre docente-alumnado e interdiscentes, sobre todo hoy día que nuestras aulas están inmersas en el fenómeno de la interculturalidad- (Ansó, 2007).

El creciente fenómeno de la inmigración está configurando los nuevos escenarios sociales, culturales y también educativos. En estos momentos la educación en España está abordando uno de los retos más importantes de su historia: la inclusión de un alumnado cuya **diversidad cultural**, a todos los niveles (social, cultural, lingüístico y religioso), no era antes conocida (Leiva, 2012).

No olvidemos que la orientación escolar pone en juego multitud de aspectos eminentemente educativos muy aprovechables para nuestra **intervención didáctica**. Por ejemplo, el **gesto**, la **postura**, la **mirada**, la conducta táctil, la necesaria **cooperación** y mejora de los aspectos **cognitivos** para crear, etc., como veremos en el **siguiente** punto, son portadores de información que acompaña al mensaje verbal interactuando con éste y conformando el fenómeno del proceso comunicativo (Gil y Gutiérrez 2005).

3. INTERVENCIÓN EDUCATIVA.

Montesinos (2004), especializado en un método de enseñanza "*natural y evolutivo*", indica que el **objetivo** último de nuestra intervención es contribuir al **crecimiento personal** del alumnado y a la mejora de sus sistemas de **comunicación**.
Navarro (2007), citando a LLeixá (2003), indica que las prácticas de expresión no comparten los objetivos de otras, como "**superarse** a sí mismo" o "ganar a los

contrincantes", sino "**descubrirse** a sí mismo", "desbloquear las emociones" o "**vivir mejor** en el propio cuerpo", lo cual implica un número de actividades diferentes.

En la bibliografía especializada hay muchas propuestas de intervención. Gil y Gutiérrez (2005), citan a Villada, Quintana, Centro Municipal de Investigación y Dinamización Educativa de Sevilla (CEMIDE), etc. También, Castillo (2000) y Ortiz (2002) y Cachadiñas -coord.- (2006) proponen unos contenidos por niveles. Por otro lado, Montávez y Zea (1998), plantean un modelo, aunque más ejemplificado hacia la E.S.O.

Navarro (2007), reconoce que las nuevas incorporaciones de actividades a la expresión corporal ayudan a **diversificar** las experiencias del alumnado: cuento motor, mimodrama, títeres, máscaras y sombras chinescas, tai chi y otras técnicas orientales, etc. son ejemplos de un contenido en pleno desarrollo.

Martínez y Díaz (2008), destacan la importancia de las habilidades expresivas en el proceso **creador** del alumnado.

En cualquier caso, las manifestaciones socioculturales que en relación con el cuerpo y su expresividad tienen lugar en nuestra sociedad, son muchas y con planteamientos muy variados y suelen servirnos de referencia para nuestras acciones didácticas. No obstante, sólo algunas pocas son más aplicables debido a su más o menos dificultad de grado técnico e interpretativo, tiempo necesario, objetivos de la unidad didáctica, recursos disponibles, etc.

Así pues, basándonos en estos autores y en la propia secuenciación de contenidos de los "*mapas de desempeño*" (O. 17/03/2015), **proponemos** un **primer** nivel con unos aprendizajes más elementales y un **segundo** donde se incorporan otros más complejos, pero sobre la base del anterior. En todo caso, cada maestra y maestro los aplicará en función de las variables de su contexto (Cañizares y Carbonero, 2007):

a) ASPECTOS BÁSICOS (1º y 2º Ciclo)	b) ASPECTOS COMPLEJOS (2º y 3º ciclo)
• 1. Lenguaje corporal • 2. Gesto • 3. Ritmo • 4. Movimiento corporal. • 5. Técnicas teatrales adaptadas	• 1. Dramatización. Juego dramático • 2. Mimodrama • 3. Baile-Danza • 4. Coreografía

a) **ASPECTOS BÁSICOS**.

1. Lenguaje Corporal.

El lenguaje corporal o comunicación no verbal es el **conjunto** de movimientos, gestos, miradas, actitudes, etc. con los que la persona manifiesta lo que piensa o siente (Valín, 2010).

Supone verter al exterior todos los sentimientos internos, así como las emociones más diversas que experimentamos. Al mismo tiempo, permite que aflore la originalidad y creatividad que todos poseemos por el hecho de ser diferente al otro en todos los niveles de la persona (Martín, Cabañas y Gómez, 2005).

Cualquier relación que establezcamos con los demás se soporta con el apoyo del lenguaje corporal y sus posibilidades de comunicación, de tal forma que el movimiento adquiere la condición de elemento fundamental constitutivo de la expresión corporal (Pastor, 2007).

La Expresión Corporal es el **lenguaje del cuerpo**, el natural de la persona, el más inmediato y propio de ella.

Las **fases** en la **construcción** del lenguaje corporal son tres y aunque las veamos de forma aisladas, en realidad son interdependientes: conocimiento y dominio **corporal**, del **espacio** y del **tiempo**. (Ortiz, 2002).

- **Conocimiento y dominio de nuestro cuerpo. (Cinésica).**

Antes de adentrarnos en el conocimiento y dominio espacio-temporal, antes de salir al exterior, es conveniente vivenciar las experiencias relacionadas con el propio cuerpo. El comportamiento cinésico (del griego "kínesis" movimiento), comprende los gestos, la mímica facial, la mirada y las posturas corporales (Gil y Gutiérrez, 2005). Con nuestro propio cuerpo **exteriorizamos** nuestros pensamientos, sentimientos y emociones a través de posturas, gestos y movimientos que su aúnan en el mensaje dirigido a los demás (Valín, 2010).

Los **pasos** a seguir en el conocimiento y dominio del cuerpo son:

- o Concienciación de la morfología corporal, sus zonas y segmentos, admitiendo las capacidades y limitaciones propias.
- o Experimentación de todas las posibilidades de expresión.
- o Búsqueda de nuevos caminos para la comunicación interna y externa.

Ruano (2006), divide el trabajo corporal en varias zonas debido a que cada una presenta rasgos característicos propios: cabeza y cara; cejas; ojos; manos y brazos; hombros; tronco; cintura; piernas y pies; expresividad global.

- **Dominio del espacio. (Proxémica).**

La **proxémica** es el estudio del uso y percepción del espacio personal y los espacios interpersonales, así como la influencia del espacio construido y su organización (Gil y Gutiérrez, 2005). Nuestro cuerpo es una unidad de movimiento que necesita un espacio (próximo o lejano), para poder expresar y desarrollar al máximo sus capacidades. Para realizar un correcto estudio del espacio lo dividimos en **dos** tipos de zonas en función de la **proximidad**:

- o **Espacio próximo (kinesfera)**. Es la zona que se encuentra en los límites corporales y todo el que puede abarcar el cuerpo en movimiento sin desplazamiento: la "burbuja imaginaria" que nos sigue en los desplazamientos.
- o **Espacio lejano**. Es el área donde se encuentran los otros sujetos. Lo abordamos a partir del dominio del espacio próximo.

- **Dominio del tiempo. (Cronémica).**

Las actividades que ocupan un espacio también tienen una duración determinada, posea o no soporte musical (Valín, 2010). El estudio y desarrollo cuantitativo y cualitativo de la duración del movimiento es lo que se denomina "factor tiempo". El ritmo es el elemento motor de la música, la estructura rítmica organiza todos los aspectos referentes a las duraciones temporales de los sonidos (Rodríguez Terrón, 2006).

De la misma manera que nuestro cuerpo funciona a través de los movimientos rítmicos de cada una de sus partes, el empleo de la música para la coordinación corporal resulta de gran utilidad en las clases de Educación Física (Fernández García, 2011).

Es necesario dominarlo para expresar algo en el **momento** adecuado. El ritmo compartido debe ser la base de la comunicación humana. Es necesario ajustar el movimiento corporal a las estructuras rítmicas previamente establecidas (Fernández -coord.- 2002).

2. El Gesto.

Son los movimientos de todo el cuerpo, o parte de él, con los que expresamos estados de ánimo y sentimientos, buscando modificar nuestra relación con el mundo exterior (Fernández -coord.- 2002). En realidad no existe unanimidad a la hora de delimitar la zona corporal a la que se refiere el gesto, ya que encontramos autores que lo consideran referido a todo el cuerpo, mientras otros lo circunscriben al rostro y manos (Gil y Gutiérrez, 2005).

Muchos especialistas lo han estudiado, Ortiz (2002), cita a:

- **Stoetzel** (1971). Los clasifica en autísticos (sin intención comunicativa), habituales (expresan más de lo que pretenden comunicar) y simbólicos (los determinados culturalmente).

- **Scheflen** (1976). Distingue entre gestos de referencia (los que señalan), los enfáticos (que realzan), demostrativos (describen imágenes) y táctiles (el que establece un contacto). En cuanto a su forma, pueden ser rápidos, ligeros, categóricos, etc.

- **Motos** (1983). Estudia los gestos en los primeros años de vida: reflejos, emocionales y proyectivos.

- **Valín** (2010). Establece una clasificación en varios grupos: universales (comunes e innatos en todas las culturas, como alegría o asco). Culturales o aprendidos (los imitamos, como sacar la lengua para demostrar burla). Personales o creativos (los que desarrollamos y expresan nuestro carácter, muy propios de actores profesionales).

3. El Ritmo.

El ritmo es un fenómeno universal, está inmerso en nuestros procesos fisiológicos. Mejora la coordinación y el equilibrio, además de economizar el esfuerzo (Ortiz, 2002).

Bernal y Calvo (2000), lo definen como "*la subdivisión de un periodo de tiempo en secciones perceptibles por los sentidos*".

Ritmo es la **armonía**, el **orden** en la sucesión de las cosas; es la **frecuencia** de algo. El ritmo organiza la dimensión temporal que da sentido a la música (Lorenzo y Souto, 2008). El ritmo de movimiento viene dado, precisamente, por la organización temporal de las secuencias variadas de movimientos y es básico a la hora de abordar bailes populares y tradicionales simples (Shinca, 2011).

Dentro del ritmo hay que tener en cuenta tres elementos constituyentes: **pulso**, que es una percusión repetida de forma regular y periódica; **acento**, que son aquellas pulsaciones que se destacan periódicamente dentro del conjunto por concentrar una cantidad de energía mayor; **duraciones** o tiempo que transcurre desde el comienzo al cese del sonido (Lorenzo y Souto, 2008).

4. Movimiento corporal. Elementos cualitativos.

El movimiento se entiende como el **cambio de situación** de un ser corpóreo en el espacio y presenta cuatro componentes fundamentales: qué es lo que se desplaza (segmento); en qué dirección (espacio y sentido); con qué energía (intensidad) y durante cuánto tiempo (duración) (Rodríguez Terrón, 2006).

Los **elementos cualitativos** del movimiento son las diferentes formas de usar el cuerpo, el espacio, el tiempo y la energía (Ortiz, 2002).

El trabajo del cuerpo en expresión se caracteriza por el hecho de que, partiendo de unos elementos y capacidades de ejecución más o menos objetivos (elementos cuantitativos), éstos son transformados en cualitativos. El objetivo de trabajo es la toma de conciencia, sensibilización y afinamiento del cuerpo como instrumento (Rodríguez Terrón, 2006).

Siguiendo a Shinca (1988), citada por Cachadiña (2006), los cinco factores que actúan sobre el movimiento y de los que depende la **calidad** del mismo, son:

- **Energía**. Grado de tensión, el **tono** muscular. Pueden ser movimientos fuertes o suaves.
- **Fluir**. Relacionado con la **energía**, ya que cuando se propaga de manera constante y regular el movimiento es continuo, al contrario sería discontinuo.
- **Gravedad**. Los movimientos realizados a su favor son pesados y, al contrario, son livianos.
- **Espacio**. Donde se desarrolla el movimiento. Puede tener una sola dirección y será directo. Si cambia de dirección será indirecto, flexible o curvo.
- **Tiempo**. La duración del movimiento provoca que éste sea sostenido (largo, lento) o súbito (rápido).

Por ejemplo, cuando hacemos una caricia nuestro gesto es curvilíneo (espacio), lento (tiempo), discontinuo (fluir), liviano (gravedad) y suave (energía).

Rueda (2004), en cambio, cita como los **elementos** fundamentales de la **expresión** a: **cuerpo, espacio, tiempo y energía**.

5. Técnicas teatrales adaptadas.

Dependiendo de las características del grupo y de las posibilidades de espacios, podemos realizar ya desde los primeros cursos, estas técnicas teatrales, pero siempre **adaptadas**:

- El **cuento**. Narrado, inventado y escenificado de forma grupal. El "cuentacuentos"; el "kamishibai" o teatro de papel, original de Japón, y que potencia la expresión oral (Rojas, 2007).
- El **guiñol**. Juego de títeres y marionetas.

- Las **sombras chinescas**. Gestos, posturas y personajes delante de un foco.
- La **cámara negra**. Es un foco fluorescente que resalta las partes del cuerpo a destacar.
- Las **máscaras**. Potencian la expresividad de las partes no ocultas.
- **Sketch** o flash. Se representan o parodian anuncios, estatuas, cuadros, etc.

b) ASPECTOS MÁS COMPLEJOS.

Para aplicarlos debemos basarnos en unos aprendizajes **previos** de conocimiento corporal, espacio, tiempo, ritmo, gesto... y así poder crear drama, mimo, danza, etc. Las técnicas teatrales adaptadas vistas anteriormente, también son muy adecuadas.

1. Dramatización. El juego dramático.

Dramatizar es dar condición dramática, es decir, representar una situación con el fin de conmover al espectador. Por tanto, es convertir un suceso real o imaginario en una historia susceptible de ser representada escénicamente, "teatralizada" (Fernández - coord.- 2002).

Es la representación de situaciones donde median personajes con un argumento que está dentro de un espacio y tiempo. Cuando la representación dramática se realiza **sin** previo guión, surgiendo espontáneamente a partir de unos estímulos dados, se llama "*improvisación*".

Se diferencia de **teatro** en que éste se encuadra en la orientación escénica, profesional. En cambio, el juego dramático se ubica en la corriente pedagógica. No obstante, juego y teatro, aunque sean conceptos distintos, participan de un proceso común como es recrear y vivenciar situaciones reales o imaginarias.

El hecho de desarrollar un **juego dramático**, al escolar le pone en contacto con un mundo real o irreal en el que es capaz de sentirse creador, destructor o adquirir personalidades determinadas que enriquecen su ser total. Acerca a los actuantes a lenguajes variados y a la posibilidad de relacionarse y cooperar con los demás sin prejuicios ni ataduras sociales (Gil y Gutiérrez, 2005).

El **esquema** del juego dramático se define por los siguientes elementos (Castillo 2000):

- **Tema**: la idea básica que la obra quiere transmitir. Los valores.
- **Personajes**: los seres y objetos reales o imaginarios.
- **Conflicto**: lo que ocurre. Suceso que provoca lucha o contraste, situación problema o contradicción en la que dos fuerzas se enfrentan por una causa.
- **Espacio**: lugar donde se realiza la acción, S.U.M., patio, etc.
- **Tiempo**: el tiempo dramático se refiere al que dura la representación; el de ficción, en cambio, es la época donde ocurre el conflicto.
- **Argumento**: asunto de lo que trata el relato, lo que se cuenta, la trama.

La dramatización lleva implícita unos recursos expresivos como gesto, posición, manifestaciones externas de los propios sentimientos, la expresión verbal con monólogos y diálogos, la expresión rítmica musical que armoniza movimiento y sonido, la música que se inserta en los diálogos para acompañar a los movimientos, etc. Además implica gestionar la iluminación, decoración y ornamentación para crear un ambiente motivador (Gil y Gutiérrez, 2005).

La **performance** es una muestra escénica, muchas veces con un importante factor de improvisación, que busca provocación, estética y asombro. El término empezó a ser utilizado para definir ciertas manifestaciones artísticas a finales de los años sesenta del pasado siglo.

El "**happening**" está basado en la improvisación y suele implicarse al público en la obra, huyendo en muchas ocasiones de una historia estructurada. Es, dada sus características, de difícil aplicación en Primaria.

En parecidos términos podemos hablar del "**flashmob**", (destello de multitud). Es una acción organizada en la que un gran grupo de alumnos se citan, normalmente a través de las redes sociales, en un lugar público, para realizar una representación algo inusual y luego se dispersa rápidamente. Su finalidad es entretenerse, pero también puede ser una reivindicación social (Gore, 2010).

El "**lipdup**" es la sincronización o doblaje de labios de relatos hechos por otras personas, aunque lo habitual es hacerlo de una canción. No hay sonido propio, como es el karaoke, interpretamos con los labios y gestos lo que verbalizan otros.

Al **teatro negro** lo consideramos un nivel superior ya que se trata de una escenificación en un espacio totalmente oscuro y en condiciones lumínicas especiales por usar "luz negra", que resalta ciertos tejidos y materiales. La representación con luz negra, por su carácter versátil, mágico y creativo, es un espectáculo capaz de transportar al alumnado a un mundo irreal en el que, además de que todo es susceptible de transformarse o surgir de la nada, se contempla la integración de aspectos tales como poesía, danza, música, canto, acrobacia y mimo. Llevar a nuestro alumnado más allá del aula tradicional, al "territorio del teatro negro", implica presentarles una serie de herramientas creativas y novedosas al servicio de su imaginación, que será un recurso clave en su incorporación a un mundo cambiante, abierto y plural. Se basa en el uso del cuerpo, espacio, recursos materiales y música (Pedraza y Torrent, 2013)

2. Mimodrama.

En realidad, el "mimo" es el **actor** que hace una representación llamada "**pantomima**" o "mimodrama"[1] y que es el arte de expresarse mediante el **gesto** y otros movimientos corporales prescindiendo del lenguaje verbal, para interpretar situaciones, personajes, estados de ánimo, etc. Este arte exige que los gestos sean precisos, significativos y, a veces, caricaturescos (Fernández -coord.- 2002).

El "teatro de las sombras" es considerado como una forma de pantomima habida cuenta que puede hacerse sin utilizar la palabra, aunque también con diálogos, cantos y sonidos de instrumentos musicales. Se necesita dominar unas técnicas mínimas, así como contar con unos recursos específicos como un haz de luz y una pantalla (Martín, Cabañas y Gómez, 2005).

---

[1] El mimodrama es una especialidad teatral creada por Decroux. Es un arte dramático del movimiento. En cambio, la pantomima tiende más a cambiar las palabras por los gestos. No obstante, estas apreciaciones no son totalmente asumidas por la totalidad de los autores especialistas.

3. Baile o danza.

Ambos términos son sinónimos, aunque la danza persigue más unos movimientos estéticos, creativos y de interpretación. El baile tiene unas connotaciones menos estrictas y más lúdicas.

La danza es la más **antigua** de todas las artes, surge con la persona -hay referencia de ello desde las primeras crónicas-, ha sido una expresión espontánea de la vida colectiva. Las danzas naturales han evolucionado perdiendo la precisión de su origen y subsistiendo en formas de folclore en la **herencia cultural** de los países (Fernández -coord.- 2002). El ballet surgió de la fusión del acróbata, el profesional y el aristócrata. La danza moderna nació como reacción opuesta y como necesidad de búsqueda de nuevas formas de expresión artística.

En la actualidad todas se pueden clasificar dentro de **dos** grandes **ramas** (Cuéllar, 2004):
- **Danza clásica**: también llamada académica y sujeta a técnicas rígidas.
- **Danza moderna**: iniciada por Isadora Duncan. Pretende liberarse de todos los cánones establecidos y dejar al cuerpo que se exprese **libremente**. Podemos incluir aquí los bailes de salón (vals, cha-cha-chá, tango, polka, merengue...), danza jazz y a los bailes de discoteca como bacalao, video-clips, rock, etc. y que tanta significación tienen para el alumnado del tercer ciclo de Primaria y E. S. O. Renobell (2009), plantea actividades expresivas y rítmicas con diferentes estilos del mundo de la danza, como son: el country infantil, el aeróbic latino, las danzas populares nacionales e internacionales (que incluyen a las africanas), coreografías adaptadas, los juegos motrices y rítmicos, etc.

Existen numerosas clasificaciones de danza. Autores como Linares (1999), nombra a danzas prerromanas, góticas, medievales... Ossona (1984), distingue a la danza flamenca, clásica, de sociedad...

La danza en Primaria debe ser un contenido de carácter **expresivo** y **comunicativo** que contribuya a la educación del alumnado, sin pretender alcanzar un rendimiento (Contreras y García, 2011).

Por otro lado, Montávez (2005), indica una serie de beneficios en su aplicación escolar. Por ejemplo, mejora el sentido espacial y rítmico, las relaciones socio-afectivas, las coordinaciones, etc.

4. Coreografía.

Es la representación de un tema musical usando todos los recursos expresivos posibles, incluidos decorados, música, luces, disfraces, etc. Se realiza en sub-grupos, **mixtos**, de 6 a 12 alumnos y su dificultad más significativa radica en la coordinación grupal.

3.1. EJEMPLOS DE ACTIVIDADES LÚDICAS.

Seguimos a Linares (1989), Rubial (1997), Arteaga, Viciana y Conde (1997), Montávez y Zea (1998), Mateu (1999), Castillo (2000), Motos y García (2001), Campo y otros (2004), Montesinos (2004), Conde, Martín y Viciana (2004), Learreta, Sierra y Ruano (2005), Cachadiñas -coord.- (2006), Learreta, Sierra y Ruano (2006), Rojas (2007), Cuéllar y Francos (2008), Ramírez (2009), Valín (2010), Fernández García (2011), Pedraza y Torrent (2012) y Zagalaz, Cachón y Lara (2014).

Las actividades expresivas se caracterizan por la elevada implicación emocional del alumno y ésta viene determinada porque se fundamentan en la estimulación de la singularidad y la creatividad del alumnado, proponiendo situaciones que requieren la exploración de las posibilidades motrices (Canales, 2010).

a) **Actividades genéricas relacionadas con las posibilidades expresivas corporales.**

1. Expresar con el cuerpo la sensación de agua fría y caliente. Como si estuvieran bajo la ducha. Analizar las diferencias en el movimiento entre las dos sensaciones.

2. Sentados en círculo hacer muecas con la cara, los ojos, las manos. Imitación de animales o personas en distintas situaciones o estado de ánimo.

3. Con los ojos cerrados, expresar con el movimiento qué entienden por suavidad, aspereza, humedad, sequedad, etc.

4. Con los ojos cerrados, hacer de conejos y de culebras. Con los ojos abiertos hacer de león, perro, vaca, águila, etc.

5. Expresar distintos estados de ánimo y caracteres: un niño despreocupado, fuerte, alegre, triste, simpático, bailarín, tímido, presumido, etc.

6. Tendidos, mover y expresar con las manos lo que vaya surgiendo, por ejemplo: las olas del mar en calma, agitado, los árboles movidos por el viento.

7. Imitar el vuelo de las palomas, de las águilas. Los brazos son culebras que van levantándose del suelo; dos cisnes en un estanque; los patos que piden comida; dos gatos que se pelean; dos bailarinas; dos flores que se abren…

8. Jugar a ser la luna y las estrellas, el sol. Proponer una historieta sobre ello para escenificarla. Se puede poner voz y sonido. Desde ahí, improvisar.

9. Con las manos y los pies, decir, sí, no, ven, vete, sube, baja, vuela, etc.

10. Producir sonidos con la voz, sin cantar. Imitar a los pájaros, a los lobos, a los corderos, el caer del agua, los ruidos de la calle, los de casa, el viento, la lluvia, los truenos, los cohetes, etc.

11. Prácticas muy variadas aprovechando la narración de un cuento motor y las canciones motrices (VV. AA., 2011).

b) **Actividades genéricas relacionadas con el espacio.**

1. Elegir un espacio de la sala donde permanezcamos en pie y nos encontremos cómodos.

2. Desde este lugar que hemos elegido, reconocer todo el espacio de la sala a través de la mirada (dimensiones, color, objetos, luz, etc.).

3. Recorrer el espacio de la sala en todos los sentidos y direcciones intentando ocuparla con nuestro desplazamiento. Ocupar el mayor/menor espacio posible.

4. Buscar posibilidades de contacto con el suelo y las paredes a través de toda nuestra superficie corporal. Podemos hacerlo con los ojos cerrados.

5. Por parejas, desplazarse por la sala uno al lado del otro. Alejarse lo más posible sin perder la comunicación (mirada) volver a acercarse.

6. Por parejas, uno con los ojos cerrados y el otro, con los ojos abiertos, guía al compañero por la sala y le ayuda a reconocer por el tacto diversas partes de la misma (paredes, espalderas, objetos, etc.). Cambiar los papeles.

7. Igual que el ejercicio anterior, pero el que guía al compañero lo hace con un sonido original, para que no se confunda con el de otros.

8. Establecer dos grupos dentro de la sala y dar a cada uno un espacio de la misma. Cada uno de ellos simula una tribu y se comporta y organiza como tal en su espacio, sin utilizar la palabra.

c) Ejemplos de actividades lúdicas genéricas relacionadas con el tiempo.

1. Caminar por la sala observando las tres fases de la ley del péndulo (preparación, acción y espera). Variar el ritmo de la marcha.

2. Caminar por la sala siguiendo el ritmo marcado por un pandero o cualquier otro elemento de percusión. Utilizar los cuatro tiempos musicales que corresponden a muy lento, lento, rápido y muy rápido e intentar seguir este ritmo con la marcha (muy lenta, lenta, rápida, muy rápida).

3. También con música, elegir libremente uno de los cuatro tiempos y realizar desplazamientos diversos siguiendo ese ritmo (adelante, atrás, lateral, con saltos, etc.).

4. Uno del grupo se desplaza siguiendo el ritmo elegido y los demás lo imitan. Ir cambiando de líder hasta que lo hagan todos.

5. Elegir uno de los cuatro tiempos y desplazarse por la sala siguiendo este ritmo. Al encontrarse con alguien que sigue el mismo ritmo, desplazarse los dos juntos. Sucesivamente se van juntando todos los que siguen el mismo ritmo.

d) Ejemplos de actividades genéricas de improvisación.

No debemos conducir las respuestas de los alumnos por un camino que creen "verdadero" para evitar coartar su libertad y permitirles expresarse con total autonomía. Por otro lado, debemos potenciar la **imaginación** y **creatividad** propias de estas **edades**. Buscamos que el alumno/a se ponga en lugar de otro personaje para que se introduzca en en situaciones insospechadas para que **reaccione** ante lo inesperado.

1. Caminar por la sala y saludarse uno a otros, mirándose. Intentar saludar a todos.

2. Marcha, carrera, trazado desordenado evitando tocarse unos a otros. A la señal, encuentro con un compañero, marcha por parejas, etc.

3. Un director de orquesta se separa del grupo y, mediante gestos amplificados, dirige los desplazamientos o los movimientos de todos.

4. Conversar con la espalda. Por parejas, sentados espalda contra espalda. Cerrados los ojos y en silencio contactar con el compañero. Iniciar movimientos e interactuar con el compañero como si se estuviese manteniendo una conversación silenciosa.

5. Igual que el ejercicio anterior, conocer al otro a través de medios no habituales: diálogo de la mirada, del tacto, del gesto, del sonido, con las manos, etc.

6. Por parejas, mantener un diálogo con los hombros, con las caderas, con los pies.

7. Juegos de películas, cantantes y canciones, play-back, juegos de adivinanzas, etc.

8. La mano es un imán. Por parejas, colocados de pie frente a frente, uno pone la palma de la mano a unos centímetros de la cara del otro. La mano inicia un movimiento lento y atrae la cara del compañero que siempre debe guardar la misma distancia respecto a la mano.

9. La sombra. Por parejas, uno se coloca de pie a la espalda del otro y reproducirá sus movimientos como si de la sombra se tratase.

10. Anuncios de televisión, video-clip, "match de improvisación", juegos de zapping...

11. Por parejas, con los ojos cerrados y las manos cogidas, intentar iniciar un diálogo transmitiendo: dolor, ternura, miedo, aburrimiento, etc.

12. Intentar entrar en el círculo de brazos cerrados formado por los compañeros.

13. Una persona intenta representar un sentimiento básico (alegría, amor, tristeza, ira, miedo) y los demás lo analizan.

14. Todo el grupo se coloca en círculo y, por turnos, cada componente va saliendo al centro y corporalmente expresa algo a los demás.

15. Movimiento colectivo. Colocados en fila india, procurando estar lo más juntos posibles. El primero realiza un movimiento que es imitado por el segundo, que a la vez lo es por el tercero, hasta llegar al último. Cada uno sólo está pendiente del que tiene delante. Añadir desplazamiento.

16. Representación de actividades de la vida cotidiana.

e) Ejemplos de actividades usando recursos multimedia.

La pizarra digital es un medio cada vez más normalizado en nuestros centros. Este recurso nos permite muchas posibilidades didácticas. Por ejemplo:

1. *"AEROB-IMAGEN"*. Es un aeróbic expresivo adaptado al contexto escolar, utilizando como elemento motivador las imágenes proyectadas. Los alumnos/as se sitúan en frente a la pizarra digital. Proyectamos una presentación en formato Power Point con un tema, por ejemplo El Camino de Santiago. A lo largo de las sesiones de educación física, los alumnos/as "recorren" las etapas del Camino al mismo tiempo que conocen sus monumentos, cultura y paisajes a través del visionado de imágenes y soporte musical correspondiente).

2. *"TEATRO MULTIMEDIA"*. Creamos un escenario virtual, a través de proyecciones. Cada diapositiva sugiere un tema, idea o sucesión de las mismas. Los alumnos/as en pequeños grupos o en grupo aula preparan y representan historias surgidas de las imágenes y de la música.

3.2.- ASPECTOS METODOLÓGICOS.

Independientemente de lo expresado por la legislación actual, apuntamos unas orientaciones metodológicas **prácticas**.

Rodríguez Terrón (2006), indica que debemos utilizar una metodología **específica** porque perseguimos una finalidad concreta como es el desarrollo integral del alumnado, por lo que debemos dar más valor al proceso que al resultado y a la persona que a la actividad concreta a realizar.

Si bien muchos autores se inclinan por una metodología basada en la **indagación**, otros la combinan con la **instrucción directa**, como señalan Cuéllar y Francos (2008), citando a García Ruso (1997), Guerber, Leray y Mancouvert (2000), Motos y Aranda (2003), etc.

Cuéllar y Francos (2004), significan que la creación de un ambiente positivo de aprendizaje es una de las variables que contribuye al incremento de nivel de expectativas de aprendizaje en el alumnado.

Al partir de una metodología holística e investigadora, cada actividad es incentivada no para dar una respuesta concreta, sino **divergente**, por lo tanto no tiene nada que ver con un aprendizaje codificado.

El grupo articula sus experiencias, se **relaciona** y se **comunica** a partir de las experiencias individuales, siendo todas válidas. Prevalece el hacer, el propio experimentar con lo interno y externo asociado a la propia imaginación y a la fantasía. Se vive y se experimenta, luego se reflexiona.

El docente no dirige sino que **orienta**. Únicamente cuando se le requiere alguna información, explica, pues lo importante es que la **imaginación** aflore libremente (Gil y Gutiérrez, 2005).

El temor, la timidez, la sumisión pasiva, el miedo a desagradar o el deseo de actuar con perfección para ser aprobado son condicionantes.

A la hora de dirigir a un grupo escolar en expresión corporal, el profesor/a necesita una adecuada **preparación** que le permita encarar con garantías las sesiones de trabajo. Es importante que tenga:
- Un conocimiento **vivencial** de su **cuerpo**.
- Un adecuado sentido del **ritmo**.
- Un adecuado sentido del **espacio**.

La **atención a la diversidad** siempre tiene que estar presente. Valín (2010), indica al respecto que debemos plantear distintos niveles; proponer actividades de aprendizaje diferenciadas y adaptar y modificar las mismas.

3.3. LOS RECURSOS EN EXPRESIÓN CORPORAL.
Nos referimos a los mediadores de tipo material, espacial y ambiental.
- **Materiales**. Debemos utilizar objetos cotidianos que por su textura, forma o color comprometan a niñas y niños a profundizar en las tareas (Gil y Gutiérrez, 2005). Destacamos los relacionados con el sonido. Los soportes audiovisuales y otros materiales diversos tales como cartulinas, telas, paneles de madera objetos manipulables, colchonetas, maquillaje, etc. Numerosos autores los califican específicamente como "*artefactos*" (Arteaga, Viciana y Conde, 1997).

    Learreta, Ruano y Sierra (2006), indican que ya en pleno siglo XXI no podemos desdeñar las posibilidades que nos ofrece la comunicación audiovisual y los **recursos tecnológicos** de todo tipo: CDs, DVD, la imagen digital, Internet, los mp5, presentaciones en Power Point y similares, etc. Constituyen unas herramientas de gran valor pedagógico en el contexto escolar. Por ejemplo, aportaciones musicales por parte del alumnado, sus mezclas, etc. También las grabaciones en formato DVD para evaluar el trabajo realizado, además de recibir feedback. Incluso existen varias webs de organismos públicos y privados donde es posible exponer los trabajos realizados e intercambiarlos con los hechos en otros centros.

- **Espaciales**. Los lugares más habituales en el medio escolar: S.U.M., teatro, aula, naturaleza, y polideportivo municipal, carpas efímeras, etc. (Castillo, 2000). Deben ser espacios amplios, bien iluminados y fáciles de oscurecer, con suelo cálido (moqueta o parquet), donde se pueda trabajar descalzo (Learreta, Ruano y Sierra, 2006).

- **Ambientales**. Debemos procurar entornos aislados del ruido y con luz regulable a voluntad. Es lo que Linares (1989) denomina "*rapport*", para definir el clima o ambiente físico y motivacional que envuelve la realización de unas tareas concretas, como son las expresivas.

3.4. ESTRUCTURA DE LA CLASE EN EXPRESIÓN CORPORAL.

Es variada y está en función de los autores que leamos. Tradicionalmente se opta por Comienzo, Desarrollo y Final o Síntesis, aunque las tres partes están muy encadenadas

Durante el **Comienzo** tratamos de crear un clima de tranquilidad y deseo de trabajar. Podemos empezar con actividades como sentarse y conversar sobre el tema de la clase, desplazarse por la sala sin chocar con personas o cosas, igual pero con música, etc. También es válida una buena relajación en determinados grupos.

El **Desarrollo** de la clase es el modo específico de abordar el tema elegido. Aquí podemos incluir trabajos sobre el espacio, tiempo, comunicación, conciencia corporal, etc.

El **Final** o **Síntesis** es un momento tan importante como los anteriores. Se trata, mediante un juego, una conversación o un descanso organizado, que el alumno pueda redondear su experiencia y retenga un recuerdo grato de ella.

Por su parte, Montávez y Zea (1998), indican su ideal de sesión-tipo:
- Calentamiento expresivo. Presentación (sólo en las primeras sesiones).
- Calentamiento expresivo. Puesta en acción.
- Espacio de creación. Parte central, contenidos propios y mayor duración.
- Relajación holística. Recuperación y bienestar personal.
- Reflexión compartida. Puesta en común.

Valín (2010), señala cinco partes: explicación previa; puesta en acción; la sesión propiamente dicha; vuelta a la calma; reflexión.

3.5. LA EVALUACIÓN EN EXPRESIÓN CORPORAL.

A partir de los criterios expuestos en el R. D. 126/2014, y vistos en el punto 1.2, destacamos unos aspectos más concretos. Por ejemplo, creatividad, participación interés, representación práctica, integración del grupo, cooperación, respeto a las decisiones, expresión de mensajes verbales y gestuales, desinhibición, relación grupal, etc. (Cuellar y Francos, 2008).

Como instrumento de medición podemos utilizar listas de control, que acumulan datos terminales sobre los objetivos alcanzados, y el registro anecdótico, además de evaluar el proceso y el resultado obtenido. Cuestionarios, entrevistas, diarios y escalas de valoración son también muy usadas.

Cada vez se utiliza más la grabación en vídeo (autoscopia) como medio para observar multitud de aspectos que emanan de la práctica y que es muy difícil evaluarlos en "vivo". Esto nos permite detectar algunas "lagunas" relacionadas con la percepción corporal, espacial y temporal. No obstante, en los últimos tiempos el tema de la grabación de imágenes con menores se ha vuelto muy sensible.

Motos y Aranda (2001) establecen un "modelo multidimensional" de evaluación en expresión corporal, que debe responder a estas cuatro preguntas: ¿quién evalúa?; ¿qué evaluar?; ¿cómo evaluar?; ¿cuándo evaluar?

Motos (2008), señala, entre otros, una serie de instrumentos y pruebas muy específicos usados en la medición de los efectos de la formación en creatividad dramática para el alumnado entre 3 y 8 años. Se trata de "*pensando creativamente en acción y movimiento*", compuesto de cuatro actividades que valoran tres aspectos de la creatividad: fluidez, imaginación y originalidad:

a) ¿De cuántas formas?
b) ¿Te puedes mover igual?
c) ¿De qué otras maneras?

Valín (2010), propone una serie de ítems para evaluar teniendo como herramienta una lista de control: ¿propone una propuesta creativa?; ¿sigue su movimiento el ritmo de la música?; ¿tiene variedad de pasos, posturas, gestos?; etc.

No debemos olvidar la autoevaluación. Los registros usados deben ofrecer esta posibilidad para reflexionar y contribuir a la mejora de la responsabilidad, propiciar la reflexión, etc. (Cuéllar y Francos, 2008).

La O. de 03 agosto de 2010, *por la que se regulan los servicios complementarios de la enseñanza de aula matinal, comedor escolar y actividades extraescolares en los centros docentes públicos, así como la ampliación de horario"*, especifica que pueden incluirse en la oferta, **talleres de expresión**.

CONCLUSIONES

La expresión es la disciplina que tiene por objeto el estudio, trabajo y desarrollo de los aspectos expresivos, comunicativos, afectivos y cognoscitivos del cuerpo y movimiento. Todo ello conducente a la formación integral del alumnado.

El juego es un recurso imprescindible en esta etapa como situación de aprendizaje, acordes con las intenciones educativas, y como herramienta didáctica por su carácter motivador. Las propuestas didácticas deben incorporar la reflexión y análisis de lo que acontece y la creación de estrategias para facilitar la transferencia de conocimientos de otras situaciones.

Hemos visto la importancia que tiene la expresión corporal en la educación corporal del alumnado de Primaria. También su relación con toda la motricidad: percepciones, coordinaciones, habilidades motrices, y su eficacia como actividad lúdica cooperativa y de relación. Todo ello ha quedado de manifiesto al estudiar su tratamiento en los elementos del currículo: objetivos de etapa y área, otras áreas, temas transversales, bloques de contenido, etc. No podemos olvidar que estos contenidos se entienden como "neutros", es decir, que tradicionalmente no se relacionan con el género.

BIBLIOGRAFÍA

- ANSÓ, R. (2007). *Tejiendo la interculturalidad. Actividades creativas para el aula.* Catarata y M. E. C. Madrid.
- ARTEAGA, M. VICIANA, V. y CONDE, J. (1997). *Desarrollo de la expresividad corporal.* INDE. Barcelona.
- BERNAL, J. y CALVO-NIÑO, M. L. (2000). *Didáctica de la Música. La Expresión Musical en la Educación Infantil.* Aljibe. Archidona (Málaga).
- BLOUIN LE BARON, J. (1982). *L'expression corporelle.* Revista "Éducation Physique et Sport", nº 178, pp. 58-62. París.

- CACHADIÑA Mª P. -Coord-. (2006). *La expresión corporal en clase de educación física*. Wanceulen. Sevilla.
- CAMPO, J. J. y otros. (2004). *Fichero de Juegos de expresión y cooperación*. INDE. Barcelona.
- CANALES, I. (2010). *La desinhibición en expresión corporal*. Wanceulen. Sevilla.
- CAÑIZARES, J. Mª y CARBONERO, C. (2007). *Temario de oposiciones de Educación Física para Primaria*. Wanceulen. Sevilla.
- CASTILLO, A. (2000). *La dramatización y el lenguaje corporal en Primaria*. En ORTIZ, M. (coord.) *Comunicación y lenguaje corporal*. Proyecto Sur Ediciones. Granada.
- CHINCHILLA, J. L. y ZAGALAZ, M. L. (2002). *Didáctica de la Educación Física*. CCS. Madrid.
- CHINCHILLA J. L. y DÍAZ, A. M. (2015) -coords.- *Danza, educación e investigación. Pasado y presente*. Aljibe. Archidona (Málaga).
- CONDE, J. MARTÍN, C. y VICIANA, V. (2004). *Las canciones motrices*. INDE. Barcelona.
- CONTRERAS, O. R. y GARCÍA, L. M. (2011). *Didáctica de la Educación Física. Enseñanza de los contenidos desde el constructivismo*. Síntesis. Madrid.
- CUÉLLAR, Mª J. (2004). *Bases teóricas y didácticas de la Educación Física*. Arte Digital. Tenerife.
- CUÉLLAR, Mª J. y FRANCOS, Mª C. (2008). *Expresión y comunicación corporal*. Wanceulen. Sevilla.
- CONTRERAS, O. (2004). *Didáctica de la Educación Física*. INDE. Barcelona.
- DELGADO, M.; TERCEDOR, P. y TORRE, E. (2008). *Método y técnicas para el conocimiento y mejora de la comunicatividad y expresividad personal y sus repercusiones en la calidad de vida*. En CUÉLLAR, Mª J. y FRANCOS, Mª C. *Expresión y comunicación corporal*. Wanceulen, Sevilla.
- FERNANDEZ GARCÍA, E. -coord.- (2002). *Didáctica de la Educación Física en la Educación Primaria*. Síntesis. Madrid.
- FERNÁNDEZ GARCÍA, C. (2011). *Actividades rítmicas dirigidas en Educación Física. Aeróbic, Aeróbic Latino y Cardiobox*. Wanceulen. Sevilla.
- GIL, P. y GUTIÉRREZ, D. (2005). *Expresión Corporal y Educación Infantil*. Wanceulen. Sevilla.
- GORE, G. (2010). *Flash Mob Dance and the Territorialisation of Urban Movement*. Antropological Netbooks, 16(3), 125-131.
- JUNTA DE ANDALUCÍA (2007). Ley 17/2007, de 10 de diciembre, de Educación de Andalucía (L. E. A.). B. O. J. A. nº 252, de 26/12/07.
- JUNTA DE ANDALUCÍA (2015). *Decreto 97/2015, de 3 de marzo, por el que se establece la ordenación y las enseñanzas correspondientes a la Educación primaria en Andalucía*. B. O. J. A. nº 50, de 13/03/2015.
- JUNTA DE ANDALUCÍA. (2015). *Orden de 17 de marzo de 2015, por la que se desarrolla el currículo correspondiente a la Educación Primaria en Andalucía*. B. O. J. A. nº 60, de 27/03/2015.
- JUNTA DE ANDALUCÍA (2010). *Decreto 328/2010, de 13 de julio, por el que se aprueba el Reglamento Orgánico de las escuelas infantiles de segundo grado, de los colegios de educación primaria, de los colegios de educación infantil y primaria, y de los centros públicos específicos de educación especial*. BOJA nº 139, de 16/07/2010.
- JUNTA DE ANDALUCÍA (2010). *Orden de 03 agosto de 2010, por la que se regulan los servicios complementarios de la enseñanza de aula matinal, comedor escolar y actividades extraescolares en los centros docentes públicos, así como la ampliación de horario*. BOJA núm. 158 de 12/08/2010.

- JUNTA DE ANDALUCÍA (2014). *Orden de 7 de mayo de 2014, por la que se establecen medidas para la inclusión del Flamenco en el sistema educativo andaluz.* BOJA nº 101, de 27/05/2014.
- LEARRETA, B.; SIERRA, M. A. y RUANO, K. (2005). *Los contenidos de Expresión Corporal.* INDE. Barcelona.
- LEARRETA, B.; SIERRA, M. A. y RUANO, K. (2006). *Didáctica de la Expresión Corporal.* INDE. Barcelona.
- LEIVA, J. J. (2012). *Educación Intercultural y convivencia en la escuela inclusiva.* Ediciones Aljibe. Málaga.
- LINARES, P. (1989). *Expresión corporal y desarrollo psicomotor.* Unisport. Málaga.
- LINARES, P. (1999) -cocrd.-. *Expresión y comunicación corporal en Educación Física.* Grupo Editorial Universitario. Granada.
- LORENZO, A. I. y SOUTO, R. (2008). *El ritmo musical y la expresión y la percusión corporales.* En CUÉLLAR, Mª J. y FRANCOS, Mª C. *Expresión y comunicación corporal.* Wanceulen, Sevilla.
- MARTÍN, S., CABAÑAS, M. L. y GÓMEZ, J. J. (2005). *El teatro de sombras en la escuela.* Wanceulen. Sevilla.
- MARTÍNEZ, A. y DÍAZ, P. (2008). *Creatividad y deporte.* Wanceulen. Sevilla.
- MATEU, M. (1999). *1000 ejercicios y juegos aplicados a las actividades corporales de expresión.* Paidotribo. Barcelona.
- M.E.C. (2013). *Ley Orgánica 8/2013, de 9 de diciembre, para la mejora de la calidad educativa.* BOE Nº 295, de 10/12/2013.
- M. E. C. (2006). *Ley Orgánica 2/2006, de 3 de mayo, de Educación (L. O. E.).* B. O. E. nº 106, de 04/05/2006, modificada por la LOMCE/2013.
- M. E. C. (2010). *Real Decreto 132/2010, de 12 de febrero, por el que se establecen los requisitos mínimos de los centros que impartan las enseñanzas del segundo ciclo de la educación infantil, la educación primaria y la educación secundaria.* B.O.E. nº 62, de 12/03/2010.
- ECD/65/2015, *O. de 21 de enero, por la que se describen las relaciones entre las competencias, los contenidos y los criterios de evaluación de la educación primaria, la educación secundaria obligatoria y el bachillerato.* B.O.E. nº 25, de 29/01/2015.
- MONTÁVEZ, M. y ZEA, M. J. (1998). *Expresión Corporal. Propuestas para la acción.* Autoedición. Málaga.
- MONTÁVEZ, M. (2005). *La Danza como actividad físico-artística saludable.* En GUILLÉN, M. -coor.- *El ejercicio físico como alternativa terapéutica para la salud.* Wanceulen. Sevilla.
- MONTESINOS, D. (2004). *La expresión corporal. Su enseñanza por el Método Natural Evolutivo.* INDE. Barcelona.
- MOTOS, T. (1983). *Iniciación a la Expresión Corporal.* Humanitas. Barcelona.
- MOTOS, T. y GARCÍA, L. (2001). *Práctica de la Expresión Corporal.* Ñaque Editora. Ciudad Real.
- MOTOS, T. (2008). *Habilidades de dramatización y evaluación de la creatividad dramática.* En CUÉLLAR, Mª J. y FRANCOS, Mª C. (2008). *Expresión y comunicación corporal.* Wanceulen. Sevilla.
- NAVARRO, V. (2007). *Tendencias actuales de la Educación Física en España. Razones para un cambio.* (1ª y 2ª parte). Revista electrónica INDEREF. Editorial INDE. Barcelona. http://www.inderef.com
- ORTIZ, M. M. (2000) -coord.-. *Comunicación y lenguaje corporal.* Proyecto Sur Ediciones. Granada.
- ORTIZ, M. M. (2002). *Expresión Corporal. Una propuesta para el profesorado de Educación Física.* Grupo Editorial Universitario. Granada.
- OTERO, J. (2012). *Tratado de bailes de sociedad. Regionales españoles. especialmente andaluces: con su historia y modo.* Tecnographic S. L. Sevilla.

- OSSONA, P. (1984). *La educación por la danza*. Paidós. Barcelona.
- PASTOR, J. L. (coord.) (2007). *Motricidad*. Wanceulen. Sevilla.
- PEDRAZA, M. P. y TORRENT, M. A. (2013). *El teatro negro: teoría y práctica*. INDE. Barcelona.
- RAMÍREZ, I. (2009). *99 Juegos de expresión corporal y musical para niños de 5 años*. Wanceulen. Sevilla.
- RENOBELL, G. (2009). *Todo lo que hay que saber para bailar en la escuela*. INDE. Barcelona.
- RODRÍGUEZ TERRÓN, J. J. (2006). *Punto de partida*. En CACHADIÑA, M. P. (Coord.) *La expresión corporal en clase de educación física*. Wanceulen. Sevilla.
- ROMERO-MARTIN, R. (1997). *La Expresión Corporal en el ámbito educativo*. Revista electrónica Áskesis. (http://askesis.es)
- ROJAS, P. (2007). *Expresión corporal. Una asignatura apasionante*. Wanceulen. Sevilla.
- RUANO, K. (2006). *El cuerpo y el movimiento: aspectos cognoscitivos, comunicativos y creativos*. En CACHADIÑA, M. P. (Coord.) *La expresión corporal en clase de educación física*. Wanceulen. Sevilla.
- RUBIAL, O. (1997). *Unidades didácticas de expresión corporal*. INDE. Barcelona.
- RUEDA, B. (2004). *La expresión corporal en el desarrollo del área de educación física*. En Castillo, E.; Díaz, M. *Expresión Corporal en Primaria*. U. de Huelva. Servicio de publicaciones.
- SCHEFLEN, A. (1976). *El lenguaje del cuerpo y el orden social*. Diana. México.
- SHINCA, M. (1983). *Psicomotricidad. Ritmo y Expresión Corporal*. Escuela Española. Madrid.
- SHINCA, M. (1988). *Expresión Corporal. Bases para una programación teórico-práctica*. Escuela Española. Madrid.
- SHINCA, M. (2011) MANUAL DE PSICOMOTRICIDAD, RITMO Y EXPRESIÓN CIORPORAL. Wolters Kluwer España, S. A. Ebook.
- TORRENT, Mª A. y PEDRAZA, Mª P. *Teatro negro*. En CUÉLLAR, Mª J. y FRANCOS, Mª C. (2008). *Expresión y comunicación corporal*. Wanceulen, Sevilla.
- TORRES, J. (2000). *Marco conceptual y curricular de la expresión corporal en Educación Primaria*. En ORTIZ, M. M. (coord.) *Comunicación y lenguaje corporal*. Proyecto Sur de Ediciones, S. L. Granada.
- VALÍN, A. (2010). *Expresión Corporal y Técnicas Corporales*. Librerías Deportivas Esteban Sanz. Madrid.
- VICIANA, J. (2002). *Planificar en Educación Física*. INDE. Barcelona.
- VIZUETE, M. (2003). *Los lenguajes y la comunicación. Dimensiones culturales, didácticas e interdisciplinares de la expresión humana*. En Secretaría General Técnica (Ed.). *Los lenguajes de la Expresión*. Ministerio de Educación, Cultura y Deporte. Madrid.
- VILLADA, P. y VIZUETE, M. (2002). *Los fundamentos teórico didácticos de la Educación Física*. Ministerio de Educación, cultura y Deportes. Madrid.
- VV. AA. (2011). *Cuentos motores en Educación Física. Primaria. Érase una vez en... Educación Física*. INDE. Barcelona.
- ZAGALAZ, Mª L.; CACHÓN, J.; LARA, A. (2014). *Fundamentos de la programación de Educación Física en Primaria*. Síntesis. Madrid.

WEBGRAFÍA (Consulta en octubre de 2015).
- http://recursos.cnice.mec.es/edfisica/
- www.juntadeandalucia.es/educacion/descargasrecursos/curriculo-primaria/index.html
- http://recursos.cnice.mec.es/edfisica/

- http://www.ite.educacion.es/es/recursos
- http://www.adideandalucia.es

www.ingramcontent.com/pod-product-compliance
Lightning Source LLC
Chambersburg PA
CBHW080924180426
43192CB00040B/2682